高等职业教育智慧港航系列教材

国际货运代理实务

GUOJI HUOYUN DAILI SHIWU

张明齐　武　莉　刘宝森　主　编
胡成琳　袁　晖　陈　静　谭刘元　副主编

微信扫一扫

教师服务入口

微信扫一扫

学生服务入口

南京大学出版社

内容简介

本书以海运货运代理操作为主线，以货运代理任务为抓手，把货运知识进行有效地串接，实操性强，符合职业教育特点。全书共分为6个教学项目，分别为国际货运代理基础、海运货运代理基础知识、港口集装箱集疏运体系、集装箱货运代理中的整箱出口操作、集装箱货运代理中的拼箱出口操作、货代操作实训。

本书既可作为高职高专港口与航运管理、国际贸易、国际商务、物流、报关与国际货运等港航物流相关专业的教材，也可作为国际货运代理员的培训用书。

图书在版编目（CIP）数据

国际货运代理实务 / 张明齐，武莉，刘宝森主编
. -- 南京：南京大学出版社，2018.4（2021.2重印）
ISBN 978-7-305-20081-6

Ⅰ. ①国… Ⅱ. ①张… ②武… ③刘… Ⅲ. ①国际货运－货运代理－高等职业教育－教材 Ⅳ. ①F511.41

中国版本图书馆CIP数据核字(2018)第061564号

出版发行 南京大学出版社
社　　址 南京市汉口路22号邮编 210093
出 版 人 金鑫荣

书　　名 国际货运代理实务
主　　编 张明齐 武莉 刘宝森
策划编辑 胡伟卷
责任编辑 胡伟卷 蔡文彬　　编辑热线 010-88252319

照　　排 北京圣鑫旺文化发展中心
印　　刷 广东虎彩云印刷有限公司
开　　本 787×1092 1/16 印张 10.25 字数 256千
版　　次 2018年4月第1版　2021年2月第2次印刷
ISBN 978-7-305-20081-6
定　　价 29.80元

网　　址：http://www.njupco.com
官方微博：http://weibo.com/njupco
官方微信号：njuyuexue
销售咨询热线：（025）83594756

前言

党的十九大报告指出，赋予自由贸易试验区更大改革自主权，探索建设自由贸易港；创新对外投资方式，促进国际产能合作，形成面向全球的贸易、投融资、生产、服务网络，加快培育国际经济合作和竞争新优势。在这一背景下，我国从远洋运输大国正迈向远洋运输强国，航运人正面临新挑战与机遇。因此，我们依据《国务院关于加快发展现代职业教育的决定》（国发〔2014〕19号）、《高等职业教育创新发展行动计划（2015—2018年）》（教职成〔2015〕9号）和《交通运输信息化"十三五"发展规划》编写了本书，希望对我国港航产业转型升级有所裨益，更希望借此机会助力"一带一路"的建设与发展。

本书主要分为6个教学项目：项目一为国际货运代理基础，主要内容有货运代理协会、运输方式、船舶基础、港口与航线；项目二为海运货运代理基础知识，主要内容有船期与运价、班轮运费、港口费用和内陆运费；项目三为港口集装箱集疏运体系，主要内容有港口集疏运体系的构成；项目四为集装箱货运代理中的整箱出口操作，主要内容有整箱业务概述、整箱出口业务流程与操作；项目五为集装箱货运代理中的拼箱出口操作，主要内容有拼箱业务概述、拼箱出口业务流程与操作；项目六为货代操作实训，主要内容有海运委托书缮制、海运提单缮制等内容。

本书由张明齐、武莉、刘宝森担任主编，胡成琳、袁晖、陈静、谭刘元担任副主编。具体编写分工如下：天津中德应用技术大学胡成琳编写项目一，天津轻工职业技术学院袁晖编写项目二，天津海运职业学院武莉编写项目三，天津海运职业学院张明齐编写项目四，天津海运职业学院刘宝森编写项目五，天津海运职业学院陈静编写项目六。天津海运职业学院谭刘元编写附录。

本书在编写过程得到天津港劳务发展有限公司总经理霍胜春、锦程物流网络技术有限公司总经理李文才、万嘉集运物流有限公司天津分公司总经理崔秋平、天津克运捷运国际货运代理有限公司总经理刘刚、天津德利货运代理有限公司李坤的大力支持，在此表示衷心的感谢！

由于时间仓促，编者水平有限，书中难免存在疏漏之处，敬请广大读者批评指正。

对书稿的意见可发电子邮件至20247119@ qq. com。

编　者

2017年12月

目录

项目一

国际货运代理基础

任务一　了解货运代理协会

知识目标

1. 了解各级货运代理协会。
2. 了解各种运输方式。
3. 了解近洋航线及基本港。
4. 掌握各运输方式的特点。
5. 掌握船舶的载质量和舱容。
6. 掌握远东—北美、远东—欧地航线基本港口名称。

能力目标

1. 检索货运代理企业信息。
2. 撰写货运代理行业简讯。
3. 能根据货物特点选择合适的运输方式。
4. 能简单介绍影响运输方式选择因素。
5. 能根据货物特点选择合适的运输船舶类型。
6. 能从载货的角度对比说明集装箱船和杂货船主要的结构特点。
7. 能根据港口名称判断其所属航线，区分各大航线及主要特点。

一、国际货运代理协会联合会

20 世纪以来，随着货运代理制度和运作方式的改革及国际货运代理行业的振兴，国际货运代理人之间的国际合作获得了较大的发展。1926 年 5 月 31 日，16 个国家的货运代理协会在奥地利维也纳成立了国际货运代理协会联合会（FIATA）。FIATA 是其法文缩写，译为“菲亚塔”，总部设在瑞士苏黎世，并分别在欧洲、美洲、亚太、非洲和中东 4 个区域设立了地区办事处，任命有地区主席。其中，亚洲和太平洋地区秘书处设在印度孟买。

国际货运代理协会联合会是一个非营利性国际货运代理的行业组织，其目的是保障和提高国际货运代理在全球的利益。该会是一个世界范围内运输领域最大的非政府和非营利性组织,具有广泛的国际影响,其成员涵盖世界各国的国际货运代理行业,拥有 76 个联盟会员、1 751 个个体会员,遍布 124 个国家和地区,包括 3 500 个国际货运代理公司。

该联合会的宗旨是保障和提高国际货运代理在全球的利益,工作目标是团结全世界的货运代理行业;以顾问或专家身份参加国际性组织,处理运输业务,代表、促进和保护运输业的利益;通过发布信息,分发出版物等方式,使贸易界、工业界和公众熟悉货运代理人提供的服务;制定和推广统一货运代理单据、标准交易条件,改进和提高货运代理的服务质量,协助货运代理人进行职业培训,处理责任保险问题,提供电子商务工具。该联合会的会员分为以下 4 类。

(一) 一般会员

代表某个国家全部或部分货运代理行业的组织和在某个国家或地区独立注册的唯一国际货运代理公司可以申请成为 FIATA 的一般会员。一般会员的加入和退出协会,由主席团提出议案,会员代表大会做出决定,且决定是终极的,不能更改。每个一般会员都拥有提出议案权、选决权和任命权 3 项基本权利,并有权在本国领域内使用 FIATA 标志,以及根据 FIATA 的指示在其控制的会员范围内公布 FIATA 的文件。如果某个国家或地区尚未建立货运代理协会,会员代表大会也可以根据主席团的建议破例决定在该国家或地区独立注册的唯一国际货运代理公司具有一般会员的地位。例如,在中国国际货运代理协会成立以前,中国对外贸易运输总公司曾于 1985 年以一般会员的身份加入了 FIATA。

(二) 团体会员

代表某些国家货运代理行业的国际性组织、代表与 FIATA 相同或相似利益的国际性货运代理集团、其会员在货运代理行业的某一领域比较专业的国际性协会,可以申请成为 FIATA 的团体会员。如果代表某些国家货运代理行业的国际性组织的所有成员都是一般会员,则该组织在 FIATA 享有一般会员资格。团体会员的加入和退出协会,由主席团提出议案,会员代表大会做出决定,该决定也是终极的。每个团体会员均可通过其代表行使投票选举权。

(三) 联系会员

货运代理企业或与货运代理行业密切相关的法人实体,经其所在国的一般会员书面同意,可以申请成为 FIATA 的联系会员。会员的加入和退出,由主席团决定,且其决定是终极的。联系会员没有提出动议或参加投票、选举的权利。

(四) 名誉会员

对 FIATA 或货运代理行业做出特殊贡献的人,可以成为 FIATA 的名誉会员。名誉会员资格的批准和取消,由主席团提出议案,会员代表大会做出决定。名誉会员也没有提出动议或参加投票、选举的权利。FIATA 会员资格自协会发出书面批准通知,收到其交纳的会费、摊派费开始。不能按时履行缴费义务的会员,将被协会秘书处书面通知中止会员资格,待交纳所有欠款以后,再恢复会员资格。

国际货运代理协会联合会的最高权力机构是会员代表大会,下设主席团。主席团对外代表FIATA,对内负责FIATA的管理。该联合会制定了《国际货运代理业示范规则》《国际货运代理标准交易条件》及有关单据、凭证格式,供会员采用。

会员代表大会下设主席团,对外代表FIATA,对内负责FIATA的管理,根据FIATA章程和会员代表大会决议完成有关工作。其中,代表权通常由主席团的两名成员共同行使。主席团由主席、上届主席、3位副主席、秘书长、司库组成,任期两年,每年至少召开两次会议,以多数票通过决议。在赞成票和反对票相当的情况下,主席拥有最终决定权。

主席团扩大会议由主席团成员、各研究机构主席、常设委员会负责人和会员代表大会从一般会员或团体会员推荐的候选人中选举的12名副主席组成,任期两年,可以连选连任。主席团扩大会议每年至少召开两次会议,由主席或从扩大会议成员中选举产生的副手主持,以多数票通过决议。在赞成票和反对票相当的情况下,主席拥有最终决定权。主席团扩大会议的主要职责是向主席团提出建议;在专业领域和地区事务中向秘书处提供支持;接受年度报告;确定各研究机构和常设委员会的工作计划;协调各研究机构和常设委员会的工作;组织研究机构和常设委员会的共同工作;指定某些会员参与不同地区的相关活动,保护地区利益;指定某些会员在不同的国际组织中代表FIATA,并提供相关报告。

为了研究国际货物运输动向,主席团还决定下设若干研究机构、常设委员会和临时工作组。目前,FIATA设有航空货运、海关事务、多式联运3个研究机构,危险货物咨询委员会、信息技术咨询委员会、法律事务咨询委员会、公共关系咨询委员会、职业培训咨询委员会5个常设委员会。每个研究机构还根据研究的题目分别成立了若干常设工作组。其中,航空货运研究机构下设国际航空运输协会事务工作组;海关事务研究机构下设进口税工作组和海关简化工作组;多式联运研究机构下设海上运输工作组、铁路运输工作组和公路运输工作组。

除了在第二次世界大战期间被迫中断了活动以外,国际货运代理协会联合会自从成立以来一直比较活跃,不仅起草了提供各国立法时参考的《国际货运代理示范法》,推荐各国货运代理企业采用的《国际货运代理标准交易条件》,还制定了FIATA运送指示、FIATA货运代理运输凭证、FIATA货运代理收货凭证、FIATA托运人证明、FIATA仓库收据、FIATA不可转让联运提单、FIATA可转让联运提单、FIATA发货人联运重量证明8种货运代理单证格式,培训了数万名学员,取得了举世瞩目的成就,被誉为"运输业的建筑师"。作为世界运输领域最大的非政府间国际组织,国际货运代理协会联合会被国际商会、国际航空运输协会、国际铁路联盟、国际公路运输联盟、世界海关组织、世界贸易组织等一致确认为国际货运代理业的代表,并在联合国经济及社会理事会、联合国贸易与发展大会、联合国欧洲经济委员会、联合国亚洲及太平洋经济和社会理事会、联合国国际贸易法委员会中拥有咨询顾问的地位。

FIATA每年举行一次世界性的代表大会,即FIATA年会。大会通过FIATA上年度的工作报告和财务预算,并对一年内世界货运代理业所发生的重大事件进行回顾,探讨影响行业发展的紧迫问题,通过主要的法规和条例,促进世界贸易和货运代理业健康发展。

二、国际航空运输协会

20世纪30年代,汽车运输、航空运输和管道运输相继崛起并迅速发展。随着航空运输的发展,各国开始出现专门从事航空运输业务的货运代理人,向货主提供办理托运或提取货物服务,向航空公司提供揽货、制单服务,并且从事集运业务。为了保证安全、定期、经济的航空运输,促进直接或间接从事航空运输业务的企业之间的合作,统一国际航空运输规章制度,开展代理业务,1945 年 4 月 16 日,国际上从事定期航班业务的航空公司成立了国际航空运输协会(IATA,http://www. iata. org)这一非政府性组织。国际航空运输协会的宗旨是:为了世界人民的利益,促进安全、正常而经济的航空运输;为直接或间接从事国际航空运输工作的各空运企业提供合作的途径;与国际民航组织及其他国际组织通力合作。

该协会的主要活动之一就是召开货运代理会议,讨论航空货运代理业务,就航空公司和货运代理人之间的关系采取行动。国际航空运输协会加强了不同国家国际货运代理人的交流,规范了国际货运代理人的业务行为,维护了国际货运代理人的利益,促进了世界国际货运代理行业的发展。

目前中国大陆共有中国国际航空公司、中国东方航空公司等 13 家航空公司成为国际航协的会员公司。

三、中国国际货运代理协会

中国国际货运代理协会的英文名称为 China International Freight forwarders Association,简称 CIFA,网址是 http://www. CIFA. org. cn。该协会由经国家主管部门批准从事国际货运代理业务,在中华人民共和国境内注册的国际货运代理企业自愿组成,是经国务院批准,在民政部登记的全国性行业协会,属于非营利性的社团法人,受商务部和民政部的指导与监督。

为了维护国际货运代理行业经营秩序,保护国际货运代理企业合法权益,促进我国国际货运代理行业的健康发展,早在 1994 年当时的对外贸易经济合作部就做出了筹建中国国际货运代理协会的决定,并于 2000 年 3 月开始筹备。2000 年 9 月 6 日,中国国际货运代理协会在北京正式成立,2000 年 11 月 1 日在民政部获准登记。截止到 2002 年 12 月 31 日,该协会已有会员 545 家。其中,有团体会员 21 家,单位会员 524 家;常务理事单位 27 家,理事单位 81 家。2001 年初,中国国际货运代理协会代表中国国际货运代理行业加入国际货运代理协会联合会。

根据 2001 年 2 月 2 日对外贸易经济合作部《关于成立中国国际货运代理协会有关事项的通知》,中国国际货运代理协会的宗旨是:维护我国国际货运代理行业利益,保护会员企业正当权益;促进我国国际货运代理行业健康发展,更好地为我国对外经济贸易事业服务。其业务范围是:协助政府主管部门依法规范国际货运代理企业,编制行业统计;组织行业培训及行业发展研究;承担政府主管部门委托的部分职能;为会员企业提供信息咨询服务;代表全行业加入国际货运代理协会联合会,开展同业国际交流。

(一) 中国国际货运代理协会任务

① 贯彻、执行国家有关政策和法规,协助政府部门加强对国际货运代理行业的管理。

② 对国内外市场进行调查、研究、统计、分析,为会员提供信息咨询服务,为政府制定行

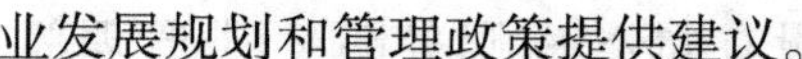

业发展规划和管理政策提供建议。

③ 了解会员开展业务的情况和问题，向政府部门和有关团体反映会员的要求与建议，积极协助解决问题，保护会员合法权益。

④ 制定行业自律准则，监督、检查在中国境内注册的国际货运代理企业经营行为，制止非法经营和不公平或不正当竞争，维护国际货运代理行业正常经营秩序。

⑤ 制定和推行行业统一单证和标准交易条款，建立货运代理责任保险制度，提高行业服务水平。

⑥ 代表本行业协调与相关政府部门、货主、承运人及其国外代理等的关系，保护行业利益，维护行业信誉。

⑦ 代表本行业参加国际性同行业组织，出席有关国际会议，与各国和地区同行业组织建立业务联系，促进国际合作和交流。

⑧ 组织相关学术研究，依据国家规定出版会刊和出版物。

⑨ 开办服务性实体，从事有偿服务，为本会开展工作和发展提供必要的经济来源。

⑩ 组织本行业业务人员资格培训，代表行业主管部门颁发上岗资格证书；举办其他形式的业务培训，提高本行业人员素质和经营管理水平。

⑪ 承担政府部门、有关团体和会员委托的工作。

中国国际货运代理协会会员分团体会员、单位会员和个人会员三类。所有申请加入该协会的单位或个人都必须符合承认并拥护协会章程、有加入协会的意愿两个条件。此外，团体会员必须是省、市、自治区的国际货运代理协会；单位会员必须是经业务主管部门批准，并在工商行政管理机关注册，从事中国国际货运代理协会业务的企业；个人会员必须是具有丰富国际货运代理专业知识或者在本行业具有较高威望和影响或具有高级职称的人。

（二）中国国际货运代理协会会员权利及义务

中国国际货运代理协会会员的权利是：有选举权、被选举权和表决权；有权参加协会组织的各项活动；有权对协会工作进行监督，提出意见和建议；有权享受协会提供的书刊、信息资料及业务咨询、人才培训；入会自愿，退会自由。

中国国际货运代理协会会员的义务是：遵守国家法律、法规及有关国际货运代理行业的方针、政策；遵守协会章程，执行协会决议和规定，接受协会制定的统一单证，服从协会协调管理，维护协会合法权益；向协会提供业务情况、资料及有关统计数据；承办协会交办的工作；按规定交纳会费。

中国国际货运代理协会的最高权力机构是会员代表大会，会员代表大会的执行机构是理事会，常务理事会在理事会闭会期间行使其部分职权。会员代表大会每届四年，理事会每四年改选一次，每年至少召开一次会议，常务理事会每半年至少召开一次会议。

为了贯彻、执行会员代表大会、理事会、常务理事会的决议，向广大国际货运代理企业提供行业服务，做好协会日常工作，中国国际货运代理协会设会长一人，副会长若干人，主持协会日常工作；设秘书长一人，主持协会办事机构开展日常工作。

为了研究、解决国际货运代理企业经营过程中涉及的有关专业问题，协会设立了法律工作委员会、国际搬运工作委员、国际快递工作委员会、展品运输工作委员会、危险品运输工作委员会、无船承运人工作委员会等专业委员会。此外,还设有办公室、财务部、行业管理部、信息管理部、对外联络部、业务协调部、会员部、培训部、编辑部、综合部等具体办事部室,并在西安设立了陕西办事处。

中国国际货运代理协会自成立以来,为了规范国际货运代理行业经营秩序,维护国际货运代理企业合法权益做了大量工作。通过向有关主管部门反映情况,转达国际货运代理企业的意见和呼声,积极交涉,努力争取,有效维护了国际货运代理企业的国际快递业务经营权;积极配合政府部门加强行业管理,维护国际货运代理行业经营秩序,促进了有关法规和规章的修改;有效地与有关政府部门进行沟通,圆满解决了国际货运代理企业对外付汇问题。制定了《中国国际货运代理协会标准交易条件》,规范了国际代理业务当事人的权利、义务关系,促进了中国国际货运代理行业与国际社会的接轨;组织了首届全国国际货运代理行业从业人员资格考试,取得了良好效果;召开了国际货运代理责任险研讨会、国际货运代理法律问题研讨会、世界贸易组织与国际货运代理企业关系研讨会、2002 年海峡两岸暨港澳地区货运代理咨询洽谈研讨会等会议,普及了国际货运代理业务和法律知识,增强了国际货运代理企业的忧患意识,提高了国际货运代理企业的竞争意识,加强了国际货运代理企业的业务交流。

(三) 加入国际货运代理协会要求

中国国际货运代理企业申请加入国际货运代理协会联合会,应当遵循下列程序。

1) 申请企业加入中国国际货运代理协会。

2) 申请企业向中国国际货运代理协会提交加入国际货运代理协会联合会书面申请。

3) 中国国际货运代理协会审核上述申请,向申请企业发放加入国际货运代理协会联合会申请表。

4) 申请企业填写加入国际货运代理协会联合会申请表。

5) 中国国际货运代理协会在加入国际货运代理协会联合会申请表上签署意见,报送国际货运代理协会联合会。

6) 国际货运代理协会联合会审查入会申请,做出批准或不批准的决定。

7) 被批准入会企业交纳会费,成为国际货运代理协会联合会会员。

加入国际货运代理协会联合会,会享有以下几个好处。

① 获得国际货运代理协会联合会会员证书。

② 免费获得国际货运代理协会联合会会员通信录。

③ 在国际货运代理协会联合会会员通信录上刊登广告。

④ 直接获得《FIATA 评论》和国际货运代理协会联合会组织的论坛、会议信息及其他资讯。

⑤ 以优惠价格获得国际货运代理协会联合会出版物和纪念品。

⑥ 随时享受国际货运代理协会联合会的个性化服务。

⑦ 在本公司广告、文具、名片和运输工具上印制 FIATA 标志。

(四) 加入中国国际货运代理协会的要求

中国国际货运代理企业申请加入中国国际货运代理协会,应当遵循以下程序。

1）向中国国际货运代理协会索取《加入中国国际货运代理协会申请表》,逐项填写有关内容。

2）当地国际货运代理协会出具推荐意见,并加盖其公章。

3）向中国国际货运代理协会提交《加入中国国际货运代理协会申请表》和《中华人民共和国国际货物运输代理企业批准证书》《企业法人营业执照》复印件。

4）中国国际货运代理协会行业管理部审核申请人资料,对申请人资格提出初步审查意见。

5）定期举行的中国国际货运代理协会理事会或常务理事会讨论申请人资格,并做出决议。

6）中国国际货运代理协会书面通知申请人批准或驳回其申请。

7）获准入会的申请人办理入会手续,成为正式会员。

加入中国国际货运代理协会,享有以下几个好处:

① 可以通过中国国际货运代理协会申请加入国际货运代理协会联合会。

② 优先参加中国国际货运代理协会组织的各种展览、培训、会议、考察、学习和交流。

③ 及时获取中国国际货运代理协会发布的国际、国内货运代理行业信息。

④ 参加中国国际货运代理协会组织的行业内部重要问题讨论,行使表决权。

⑤ 优惠享受中国国际货运代理协会的咨询服务。

⑥ 获得中国国际货运代理协会在解决业务纠纷方面的指导和帮助。

⑦ 参加中国国际货运代理协会网站交易。

⑧ 提高企业商业信誉,增加企业知名度。

想一想

通过查询网络,特别是中国国际货运代理协会(CIFA)官网,了解行业协会的宗旨和主要活动,以及对货代公司的管理。

四、世界货物运输联盟

世界货物运输联盟(WCA)的成员们能够在世界各地提供全面服务,包括进出口配送服务、门到门服务、港到港服务、全球空运拼箱,通过所有主要的承运人提供直接的国际航空运输协会服务,整箱货议价,无船承运人,散货拼箱,文件服务(诸如银行汇票和议付信用证),危险货物和易腐货物的操作,结关,仓储和配送,包装和制箱,海运和空运保险,创新的物流解决方案,接收、存储和运送货物,重新装箱,收缩包装和托盘包装,在线追踪和报告,第三方物流和第四方物流,总承包项目管理,以及许多其他的增值服务。世界货物运输联盟(WCA)的成员们享有业内一流的工具,包括船舶管理、世界上最先进的在线货物追踪和查询系统,可以确保世界各地的客户都能获得最有价值的服务,同时确保货物获得最佳的操作。世界货物运输联盟(WCA)成员公司间产生费用拖欠的最高赔偿金额为50 000美元。

WCA 下设 DGLA(危险品货运联盟),目前中国大陆地区上海运泽化工物流(S&W International Chemical Logistics)等均为该联盟成员。

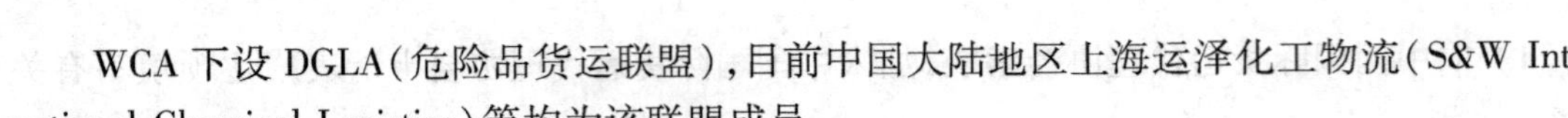

课后训练

一、方案撰写

请根据本章内容,撰写一篇《什么是货代》的小短文或制作一个展示用 PowerPoint 文件。

二、视频制作

内容要求:请制作一个以"货代"为主题的小视频,时长 5~10 分钟。

技术要求:视频中要明确学院名称、班级、学号和姓名;尾字幕(滚动的)包括结束字样、制作日期、制作者姓名;字幕和视频之间加特技转换效果(自选);压缩格式采用 RM 或 MPEG4。

三、信息检索

完成货代机构或企业的信息检索		
序号	机构名称	网址
1	国际货运代理协会联合会	
2	国际航空运输协会	
3	中国国际货运代理协会	
4	世界货物运输联盟	
5		
6		
7		
8		
请查询当工商局官方网站:统计本地货代企业数量。 按"货运代理"进行模糊查询,共有________家货运代理企业。查询日期:________年____月____日。		

任务二 了解运输方式

一、运输方式

运输方式是客、货运输所赖以完成的手段、方法和形式,是为完成客货运输任务而采取的一定性质、类别的技术装备(运输线路和运输工具)和一定的管理手段。现代运输方式有铁路运输、公路运输、水上运输、航空运输和管道运输等。

运输方式由于要借助一定的运输工具,并经由一定的交通线路与港站来完成,故而取决于所使用的运输工具、交通线路与港站的类别和性质,并受天气等原因、基本设施与技术装备特点及主要技术经济指标的影响。

（一）运输方式的种类

国际货物运输的六大方式是指水路、公路、铁路、航空、管道和国际多式联运等运输形式。

1. 公路运输(highway transportation)

公路运输是在公路上运送旅客和货物的运输方式,是交通运输系统的组成部分之一,主要承担短途客货运输,现代所用运输工具主要是汽车。因此,公路运输一般即指汽车运输。在地势崎岖、人烟稀少、铁路和水运不发达的边远和经济落后地区,公路为主要运输方式,起着运输干线的作用。

2. 铁路运输(railway transportation)

铁路运输是一种陆上运输方式,以两条平行的铁轨引导火车运行,是一种最有效的已知陆上交通方式。铁轨能提供极光滑及坚硬的媒介让火车的车轮在上面以最小的摩擦力滚动。这样,在火车上面的人会感到很舒适,而且节省能量。如果配置得当,铁路运输可以比路面运输运载同一质量客货物节省 50% 至 70% 的能量。而且,铁轨能平均分散火车的质量,令火车的载质量大大提高。

3. 水路运输(waterway transportation)

水路运输是利用船舶、排筏和其他浮运工具,在江、河、湖泊、人工水道及海洋上运送旅客和货物的一种运输方式。它是我国综合运输体系中的重要组成部分,并且正日益显示出巨大作用。

水路运输包括内河运输和海洋运输,以其历史悠久而有交通运输"祖先"之称,18 世纪曾在交通运输业生产中占据主要地位。水运具有投资少、成本低、货运量大、占地少等优点,好的航道通过能力几乎可以不受限制,通用性好,因而可作为大型、笨重和大宗长途货运的主要承担者。内河航运建设与防洪、排涝、灌溉、发电、渔业、旅游等统筹规划,可收到综合开发利用自然资源的功效。但水运受自然条件影响大。例如,有些内河航道和海港由于冬季结冰而只能停航;有些内河航道的走向往往与运输的经济要求不一致;有些内河航道水位洪枯变化大,影响航运利益的发挥,等等。当前,综合运输已成为世界交通运输发展的大趋势,现代化综合运输网的建设,为充分发挥水运优势创造了条件。

(1) 内河运输(inland water transportation)

内河运输是指使用船舶通过国际内江、湖、河川等天然或人工水道,运送货物和旅客的一种运输方式。它是水上运输的一个组成部分,是内陆腹地和沿海地区的纽带,也是边疆地区与邻国边境河流的连接线,在现代化运输中起着重要的辅助作用。内河运输古代在我国南方就存在,主要用于"盐""茶叶""丝绸"的货物运输。

(2) 海洋运输(seaway transportation)

海洋运输又称国际海洋货物运输,是国际物流中最主要的运输方式。它是指使用船舶通过海上航道在不同国家和地区的港口之间运送货物的一种方式,在国际货物运输中使用最广泛。目前,国际贸易总运量中的 2/3 以上、中国进出口货运总量的约 90% 都是利用海上运输完成的，可见海洋运输对世界的贡献是巨大的。

① 海运的特点

海洋运输的运量大，运输费用低，航道四通八达，是其优势所在。但速度慢，航行风险大，航行日期不易准确，是其不足之处。

② 海运的种类

按照船舶的经营方式，海洋运输可分为班轮运输和租船运输。

<1> 班轮运输

班轮运输有固定的船期、航线、停靠港口和相对固定的运费率；班轮运费中包括装卸费，故班轮的港口装卸由船方负责；班轮承运货物的数量比较灵活，货主按需订舱，特别适合一般件杂货和集装箱货物的运输。

班轮运费由班轮运价表规定，包括基本运费和各种附加费。基本运费分成两大类：一类是传统的件杂货运费；一类是集装箱包箱费率。件杂货也有按商品价格或件数计收运费的；大宗低值货物，可由船、货双方议定运价。班轮运费中的附加费名目繁多，包括超长附加费、超重附加费、选择卸货港附加费、变更卸货港附加费、燃油附加费、港口拥挤附加费、绕航附加费、转船附加费和直航附加费等。在集装箱运输费用中，除上述海运费用外，还要包括有关的服务费和设备使用费。

此外，班轮公司对不同商品混装在同一包装内的情况，按其中收费较高者计收运费。同一票商品，如果包装不同，其计费等级和标准也不同，如托运人未按不同包装分别列明毛重和体积，则全票货物按收费较高者计收运费；同一提单内有两种以上不同货名时，如果托运人未分别列明毛重和体积，也要从高计费。

<2> 租船运输

租船运输是指包租整船。其租船费用较班轮低廉，且可选择直达航线，故大宗货物一般采用租船运输。租船方式主要有定程租船和定期租船两种。

- 定程租船是以航程为基础的租船方式，又称程租船。采用程租船方式时，船方必须按租船合同规定的航程完成货物运输任务，并负责船舶的运营管理及其在航行中的各项费用开支。程租船的运费一般按货物装运数量计算，也有按航次包租金额计算的；租船双方的权利和义务由租船合同规定。采用程租船方式时，合同应明确船方是否负担货物在港口的装卸费用；如果船方不负担装卸，则应在合同中规定装卸期限或装卸率，以及与之相应的滞期费和速遣费；如果租方未能在限期内完成装卸作业，为了补偿船方由此而造成延迟开航的损失，应向船方支付一定的罚金，即滞期费；如果租方提前完成装卸作业，则由船方向租方支付一定的奖金，称为速遣费，通常速遣费为滞期费的一半。
- 定期租船是按一定时间租用船舶进行运输的方式，又称期租船。采用期租船方式时，船方应在合同规定的租赁期内提供适航的船舶，并负担为保持适航的有关费用；租船人在此期间可在规定航区内自行调度支配船舶，但应负责燃料费、港口费和装卸费等运营过程中的各项开支。

4. 航空运输(air transportation)

航空运输是使用飞机、直升机及其他航空器运送人员、货物、邮件的一种运输方式。它

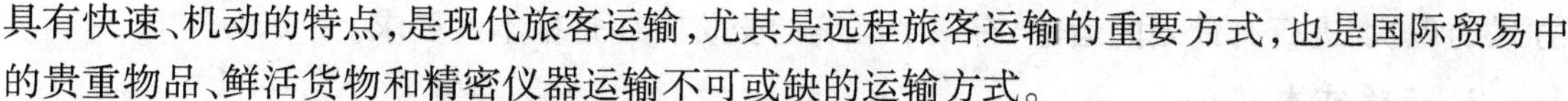

具有快速、机动的特点，是现代旅客运输，尤其是远程旅客运输的重要方式，也是国际贸易中的贵重物品、鲜活货物和精密仪器运输不可或缺的运输方式。

航空运输具有商品性，服务性，国际性，准军事性，资金、技术及风险密集性和自然垄断性六大特点。航空运输按照不同的标准可以分为不同的类型。

5. 管道运输（pipeline transport）

管道运输是使用管道作为运输工具的一种长距离输送固体颗粒液体和气体物资的运输方式，是一种专门由生产地向市场输送石油、煤和化学产品等的运输方式，是统一运输网中干线运输的特殊组成部分。有时，气动管（pneumatic tube）也可以完成类似工作，以压缩气体输送固体舱，而舱内装着货物。管道运输石油产品比水运费用高，但仍然比铁路运输便宜。大部分管道都被其所有者用来运输自有产品。

6. 国际多式联运

国际多式联运（international multimodal transport）简称多式联运，是在集装箱运输的基础上产生和发展起来的，是指按照国际多式联运合同，以至少两种不同的运输方式，由多式联运经营人将货物从一国境内的接管地点运至另一国境内指定交付地点的货物运输。国际多式联运适用于水路、公路、铁路和航空多种运输方式。在国际贸易中，由于85%～90%的货物是通过海运完成的，故海运在国际多式联运中占据主导地位。

想一想

通过学习和查询网络，分析比较各种国际货运方式的优势和劣势，以及在国际运输中所占的比例，想一想不同的运输方式所适合的运输货物的特点。

二、运输方式的选择要素

在各种运输方式中，如何选择适当的运输方式是物流合理化的重要问题。通常情况下，应从物流系统要求的服务水平和允许的物流成本来决定，可以使用一种运输方式也可以使用联运方式。

在决定运输方式时，可以在考虑具体条件的基础上，对下述5个具体项目做认真研究。

1. 货物品种

关于货物品种及性质、形状，应在包装项目中加以说明，选择适合这些货物特性和形状的运输方式，同时也要认真考虑货物对运费的负担能力。

2. 运输期限

运输期限必须与交货日期相联系，以保证运输时限。必须调查各种运输工具所需要的运输时间，根据运输时间来选择运输工具。运输时间的快慢顺序在一般情况下依次为航空运输、汽车运输、铁路运输、船舶运输。各运输工具可以按照它的速度编组来安排日程，加上它的两端及中转的作业时间，就可以算出所需的运输时间。在商品流通中，要研究这些运输方式的现状，进行有计划的运输，有一个准确的交货日期是基本的要求。

3. 运输成本

运输成本因货物的种类、质量、容积、运距不同而不同。而且，运输工具不同，运输成本也会发生变化。在考虑运输成本时，必须注意运费和其他物流子系统之间存在着互为利弊的关系，不能仅用运输费用来决定运输方式，而要由全部总成本来决定。

4. 运输距离

从运输距离看，一般情况下可以依照以下原则：300 km 以内，用汽车运输；300 ~ 500 km 的区间，用铁路运输；500 km 以上，用船舶运输。一般采取这样的选择是比较经济合理的。

5. 运输批量

因为大批量运输成本低，所以尽可能使商品集中到最终消费者附近，选择合适的运输工具进行运输是降低成本的良策。一般来说，15 ~ 20 t 以下的商品用汽车运输；15 ~ 20 t 以上的商品用铁路运输；数百 t 以上的原材料之类的商品，应选择船舶运输。

课后训练

一、制作网文

制作一篇关于运输方式的网络短文，可用易企秀，也可用 H5，要求音、图、字齐全，排版简洁。

二、制作思维导图

用思维导图软件把本节教学内容画成一张思维导图，图 1 – 1 所示为一张示例图。没有思维导图软件的同学可联系本书作者，或者关注微信“港口与航运管理”公众号，与管理员联系，以便获取思维导图软件。

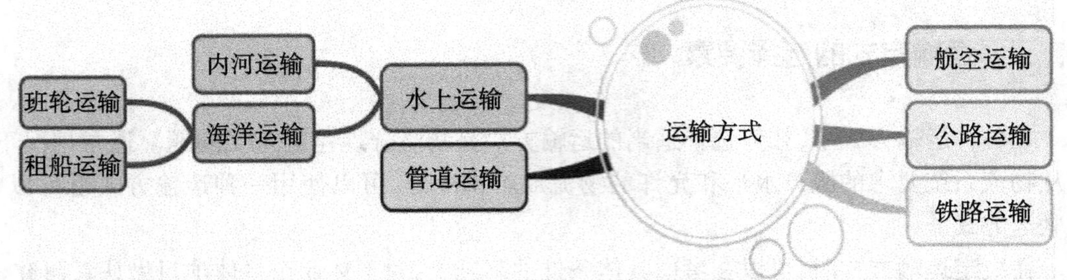

图 1 – 1　运输方式的思维导图

三、应用分析

请列举 5 种不同的货物，详细说明货物的件、重、尺和特性，并为其选择合适的运输方式，或者多种运输方式的组合，并完成下表。

公 路 运 输			
货名			
包装			

（续表）

件			
重			
尺			
发货地			
收货地			
运输方案分析			
铁 路 运 输			
货名			
包装			
件			
重			
尺			
发货地			
收货地			
运输方案分析			
航 空 运 输			
货名			
包装			
件			
重			
尺			
发货地			
收货地			
运输方案分析			
内 河 运 输			
货名			
包装			

（续表）

件			
重			
尺			
发货地			
收货地			
运输方案分析			
海 洋 运 输			
货名			
包装			
件			
重			
尺			
发货地			
收货地			
运输方案分析			
管 道 运 输			
货名			
包装			
件			
重			
尺			
发货地			
收货地			
运输方案分析			

任务三　船舶基础

船舶是能航行或停泊于水域进行运输或作业的交通工具，按不同的使用要求而具有不同的技术性能、装备和结构形式。

一、船舶的结构与性能

（一）船舶的主要结构

船舶是由许多部分构成的，按各部分的作用和用途，可综合归纳为船体、船舶动力装置、船舶电气等三大部分。

① 船体是船舶的基本部分，可分为主体部分和上层建筑部分。主体部分一般指上甲板以下的部分，是由船壳（船底及船侧）和上甲板围成的具有特定形状的空心体，是保证船舶具有所需浮力、航海性能和船体强度的关键部分。船体一般用于布置动力装置、装载货物、储存燃油和淡水，以及布置其他各种舱室。

为了保障船体强度，提高船舶的抗沉性和布置各种舱室，通常会设置若干强固的水密舱壁和内底，在主体内形成一定数量的水密舱，并根据需要加设中间甲板或平台，将主体水平分隔成若干层。

上层建筑位于上甲板以上，由左、右侧壁，前、后端壁和各层甲板围成，其内部主要用于布置各种用途的舱室，如工作舱室、生活舱室、储藏舱室、仪器设备舱室等。上层建筑的大小、层楼和形式因船舶用途和尺度而异。

② 船舶动力装置包括：推进装置，主机经减速装置、传动轴系以驱动推进器（螺旋桨是主要的形式）；为推进装置的运行服务的辅助机械设备和系统，如燃油泵、滑油泵、冷却水水泵、加热器、过滤器、冷却器等；船舶电站，为船舶的甲板机械、机舱内的辅助机械和船上照明等提供电力；其他辅助机械和设备，如锅炉、压气机、船舶各系统的泵、起重机械设备、维修机床等。通常把主机（及锅炉）以外的机械统称为辅机。

③ 船舶电气包括船上的主辅机及其他一些用电气设备。船舶的其他装置和设备中，除推进装置外，还有锚设备与系泊设备；舵设备与操舵装置；救生设备；消防设备；船内外通信设备；照明设备；信号设备；导航设备；起货设备；通风、空调和冷藏设备；海水和生活用淡水系统；压载水系统；液体舱的测深系统和透气系统；舱底水疏干系统；船舶电气设备；其他特殊设备（依船舶的特殊需要而定）。

想一想

船体最上一层首尾通长甲板，通常叫上甲板、主甲板、干舷甲板，对船体结构的主要要求是什么？

（二）船舶的主要性能

1. 浮性

浮性是指船在各种装载情况下，能浮于水中并保持一定的首、尾吃水和干舷的能力。根据船舶的重力和浮力的平衡条件，船舶的浮性关系到装载能力和航行的安全。

2. 稳性

稳性是指船受外力作用离开平衡位置而倾斜，当外力消失后能恢复到原平衡位置的能力。稳性包括完整稳性和破舱稳性，其中完整稳性包括初稳性和大倾角稳性。一般水面船舶的稳性主要是指横倾时的稳性。船宽、水线面系数、干舷、重心高度、水面以上的侧面积大小和高度，以及船体开口密封性的好坏等，是影响船舶稳性的主要因素。

3. 抗沉性

抗沉性是指船体水下部分如发生破损，船舱淹水后仍能浮而不沉和不倾覆的能力。我国在宋代造船时首先发明了用水密隔舱来保证船舶的抗沉性。船舶主体部分的水密分舱的合理性、分舱甲板的干舷值和完整船舶稳性的好坏等，是影响抗沉性的主要因素。

4. 快速性

快速性是表征船在静水中直线航行速度与其所需主机功率之间关系的性能。它是船舶的一项重要技术指标，对船舶使用效果和营运开支影响较大。船舶快速性涉及船舶阻力和船舶推进两个方面。合理地选择船舶主尺度、船体系数（尤其是方形系数 C_b 和棱形系数 C_p）和线型是降低船舶阻力的关键。

5. 耐波性

耐波性是指船舶在波浪中的摇荡程度、失速和甲板溅浸（上浪、溅水）程度等。耐波性不仅影响船上乘员的舒适和安全，还影响船舶安全和营运效益等，因而日益受到重视。

船在波浪中的运动有横摇、纵摇、首尾摇、垂荡（升沉）、横荡和纵荡 6 种。几种运动同时存在时便形成耦合运动，其中影响较大的是横摇、纵摇和垂荡。溅浸性主要是由于纵摇和垂荡所造成的船体与海浪的相对运动，增加干舷特别是首部干舷、加大首部水上部分的外飘是改善船舶溅浸性的有效措施。

6. 操纵性

操纵性是指船舶能按照驾驶者的操纵保持或者改变航速、航向或位置的性能，主要包括航向稳性和回转性两个方面。这是保证船舶航行中少操舵、保持最短航程、靠离码头灵活方便和避让及时的重要性，关系到船舶航行安全和营运经济性。

7. 经济性

经济性是指船舶投资效益的大小。它是促进新船型的开发研究、改善航运经营管理和造船工业发展的最活跃因素，日益受到人们重视。船舶经济性属船舶工程经济学研究的内容，涉及使用效能、建造经济性、营运经济和投资效果等指标。

想一想

船舶设计中用于计算船舶稳性、吃水差、干舷高度、船舶系数和水对船舶阻力时使用的尺度叫什么?

二、船舶的分类

(一) 按船舶用途分类

1. 军用船

军用船是指用于从事作战或辅助作战的各种舰艇。

2. 民用船

(1) 运输船

运输船又称商船,是指从事水上客货运输的船舶。它大致可分为8个类型:客船、客货船、渡船;普通货船(即杂货船);集装箱船、滚装船、载驳船;散粮船、运煤船、矿砂船;油船、液化气体船、液体化学品船;多用途散货船,包括矿砂/油两用船、矿砂/散货/油三用船;特种货船,包括运木船、冷藏船、汽车运输船等;驳船,有拖轮拖带和顶推船顶推两种运输方式。

(2) 工程作业船

工程作业船是指在港口、航道等水域从事各种工程作业的船舶,主要有挖泥船、打捞船、测量船、超重船、打桩船、钻探船等。

(3) 渔业船

渔业船是指从事捕鱼和渔业加工的船舶,主要有拖网渔船、围网渔船、刺网渔船、延绳钓渔船、捕鲸船、捕海兽船、捕虾船和捕蟹船,以及渔业加工船、渔业调查船等。

(4) 工作船舶

工作船舶又称为特殊用途船,是指为航行进行服务工作或其他专业工作的船舶,诸如破冰船、引航船、供应船、消防船、航标船、科学调查船、航道测量船等。

(二) 按航区分类

① 远洋船舶这是指能在环球航线上航行的船舶,即通常所说的能航行于无限航区的船舶。

② 近海船舶。这是指航行于距岸不超过200 n mile(海里)海域(个别海区不超过120 n mile或50 n mile)的船舶,即航行于近海航区的船舶。它可以来往于邻近国家间的港口。

③ 沿海船舶。这是指航行于距岸不超过20 n mile海域(个别海区不超过10 n mile)的船舶,即沿海岸航行的船舶。

④ 内河船舶。这是指在内陆江河中航行的船舶。

（三）按推进动力的形式分类

① 蒸汽机船。这是指以往复式蒸汽机为主机的船舶。

② 汽轮机船。这是指以回转式蒸汽轮机为主机的船舶。

③ 柴油机船。这是指以柴油机为主机的船舶。

④ 燃气轮机船。这是指以燃气轮机为主机的船舶。

⑤ 电力推进船。这是指由主机带动主发电机发电，再通过推进电动机驱动螺旋桨的船舶。

⑥ 核动力船。这是指利用核燃料在反应堆中发生裂变反应放出的巨大热能产生蒸汽，供汽轮机主机工作的船舶。

（四）按造船材料分类

① 钢船。这是指以钢板及各种型钢为主要材料的船舶。

② 木船。这是指以木材为主要材料，仅在板材连接处采用金属材料的船舶。

③ 钢木结构船。这是指船体骨架用钢材，船壳用木材建造的船舶。

④ 铝合金船。这是指以铝合金为主要材料的船舶。

⑤ 水泥船。这是指以钢筋为骨架，涂以抗压水泥而成的船舶。

⑥ 玻璃钢船。这是指以玻璃钢为主要材料的船舶。

三、船舶的大小

船舶主尺度和船型系数是表示船体外形大小与胖瘦程度（也称丰满程度）的重要量度。船舶主尺度包括总长、设计水线长度、垂线间长、最大船宽、型宽、型深、满载（设计）吃水等。钢船主尺度的度量是指量到船壳板内表面的尺寸，称为型宽和型深；水泥船、木船等则是指量到船体外表面的尺寸。

船舶尺度还不能全面地表达一艘船的大小。例如，主尺度相同的船，在船舶质量、舱室容积、载重能力、建造规模等方面，可能会有很大的差别。因此，还必须用表示船舶质量和容积等方面的量度。表示船舶质量方面的量度有船舶排水量和载质量，包括空船排水量、满载排水量、载质量、净载质量等；表示船舶容积方面的量度有船舶吨位（包括总吨位和净吨位）及舱室容积（包括包装容积和散装容积）等。

（一）船舶排水量和载质量

船舶排水量是指船舶自由漂浮于静水中，保持静态平衡所排开水的质量。排水量等于船舶重量。因此，当船舶的载重不同时，就有不同的排水量。对于民用船舶有实用意义的排水量为：空船排水量和满载排水量。

1. 空船排水量

空船排水量等于空船质量，是指民用船舶装备齐全，但无载重时的船舶排水量。除了船体和机器设备等的质量之外，空船质量还包括固定压载、备件、管系中的液体，液舱中不能吸出的液体、给水，以及锅炉和冷凝器中的水在内。但不包括船员、粮食、淡水、供应品、燃料、滑油、货物和旅客。

在船舶营运中，计算船舶质量或排水量时，空船质量是作为一个固定值使用的。因此，新造的船舶，或者经大修出厂的船舶，船厂要计算出准确的空船质量提供给船商。

2. 总载质量

船舶总载质量通常简称为载质量，是指船舶允许装载的可变载荷的最大值，通常以符号DW表示。总载质量包括船员、粮食、供应品、淡水、燃料、滑油、货物和旅客等质量，表示了船舶运输中总的载重能力。

3. 净载质量

船舶净载质量是指载质量中允许装载的货物与旅客，包括行李及随身携带的物品在内的最大质量。它反映了船舶的运输能力，其值的大小影响着船舶的运输成本。

4. 满载排水量

满载排水量等于空船排水量加上总载质量时的排水量。满载排水量是反映船舶大小的一个重要量度，是船舶的许多性能、结构、载重能力等计算的主要依据。

船舶排水量和载质量所用的单位是吨(t)。

（二）吨位

1. 船舶吨位的用途

(1) 总吨(GT)的主要用途

① 作为与船舶有关的一些公约、规范、规则等的适用范围、设备的配置、性能要求等的依据。

② 总吨通常作为一个国家或者公司统计拥有船舶的数量或比较船舶大小的依据。

③ 保险公司计算船舶的保险费用时，也以总吨为依据。

④ 验船机构向船舶收取船舶检验、丈量和登记等项工作费用的依据。

⑤ 国际劳工组织关于各种大小船舶人员的配备，主要是以总吨为依据。

(2) 净吨(NT)的主要用途

净吨主要是各港口向船舶收取如港务费、引水费、灯塔费、停泊费等的计算依据。

上面所述总吨和净吨的用途，在各个国家并不是一致固定不变的。但总的来说，涉及船舶尺度大小时，一般以总吨为依据；涉及船舶盈利等问题时，以净吨为依据。

2. 船舶吨位在船上的标志

① 每条船舶的吨位按有关规定经丈量、计算、核准之后，主管机关发给船舶吨位证书，并且将船舶的登记吨位和官方的船号刻在船体明显易见到的部位。在船中设有桥楼或甲板室的船舶，刻在桥楼或建筑物前端的货舱口后端围板上；对于船中无建筑物的船舶，刻在第二货舱口(由首向尾数)后端围板上；对于只有一个货舱的船舶，刻在货舱口后端围板上；对于油船，登记吨位和船舶官方号刻在泵间入口处或机舱前壁上，视哪种方便而定。要求这些数字的位置容易接近，结构是永久性的。

② 对持有国际吨位证书(1969)的船舶，在所有载货处所都应在显而易见处标有永久性

标志 CC 字样(CC 为货舱空间的英文缩写),字母高度应不小于 100 mm。

③ 对于不计入总吨的某些空间和从总吨中减除的空间也应设有永久性标志牌,用以证明这些空间的用途。标志一般设在减除空间的入口旁,并尽可能刻在永久性结构上。但在某些装潢高级的船员居住舱室空间的结构上刻字是不合适的,在这种情况下,一般可刻在门楣下面,或者用标牌贴在结构上。如果用螺钉拧固,则在拧固后应去除螺帽上的槽口,防止被人拧下。

3. 运河吨位

国际上还有两个运河专用的吨位,称为苏伊士运河专用吨位和巴拿马运河吨位。这是根据两个运河管理当局各自颁布的《苏伊士运河船舶吨位丈量规则》和《巴拿马运河吨位丈量规则》的有关规定,对于需要通过两运河的船舶进行丈量后确定的吨位。当船舶通过上述两条运河时,需根据各运河吨位的大小向管理当局交付通行费用。

四、集装箱船与杂货船

(一) 杂货船

杂货也称统货,是指机器设备、建材、日用百货等各种物品包装成捆、成包、成箱装船运输。专门运输杂货的船,称为杂货船或称普通货船,如图 1-2 所示。

图 1-2 杂货船

由于受货源、货物装卸速度等原因的影响,杂货船有下列一些特征。

① 杂货船的载质量不可能很大。远洋杂货船总载质量(DW)为 10 000 ~ 14 000 t 左右;近洋的杂货船总载质量(DW)为 5 000 t 左右;沿海的杂货船总载质量(DW)为 3 000 t 以下。由于货种多,货源不足,装卸速度慢,停港时间长,杂货船的载质量过大会不经济。

② 为了理货方便,杂货船一般设有 2 到 3 层甲板。载质量为万吨级的杂货船,设有 5 至 6 个货舱。机舱位置多数为中尾机型,也有采用尾机型的。

③ 杂货船一般都设有首楼,在机舱的上部设有桥楼。老式的 5 000 t 级杂货船,多采用三岛型。

④ 许多万吨级的杂货船,因压载要求,常设有深舱,深舱可以用来装载液体货物(动植

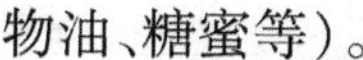

物油、糖蜜等)。

⑤ 杂货船一般都装设起货设备,多数以吊杆为主,也有的装设液压旋转吊。

⑥ 大多数杂货船每个货舱一个舱口。但少数杂货船根据装卸货物的需要,采用双排舱口。

⑦ 不定期的杂货船一般为低速船,航速过高对于杂货船是很不经济的。远洋杂货船的航速约为 14 ~ 18 kn,续航力为 12 000 n mile 以上;近洋杂货船的航速约为 13 ~ 15 kn;沿海杂货船的航速约为 11 ~ 13 kn。

⑧ 杂货船一般都是一部主机、单螺旋桨、单舵。

杂货船的主要缺点是:运载的各种杂货需要包装、捆绑才能装卸;装卸作业麻烦、时间长、劳动强度大、易货损,装卸效率低;货运周期长;成本高,等等。如果把各种杂货预先装在统一规格的集装箱内,再装船运输,可以克服上述缺点。

(二) 集装箱船

1. 集装箱船的类型

集装箱船是专门运输集装箱货物的船舶,如图 1 – 3 所示。

图 1 – 3　集装箱船

集装箱船可分为 3 种类型。

① 全集装箱船。这是一种专门装运集装箱的船,不装运其他形式的货物。

② 半集装箱船。它在船长的中部区域作为集装箱的专用货舱,而船的两端货舱装载杂货。

③ 可变换的集装箱船。这是一种多用途船,货舱根据需要可随时改变设施,既可装运集装箱,也可以装运其他普通杂货,以提高船舶的利用率。

2. 集装箱的型号

集装箱的尺寸和质量大小种类很多,目前各国尚未完全统一。国际标准化组织推荐的规格,也有 10 余种但主要有以下两种型号。

① 40 ft 集装箱。其长 × 高 × 宽为 40 ft × 8 ft × 8 ft(即 12. 192 m × 2. 438 m × 2. 438 m);最大质量为 30. 48 t。

② 20 ft 集装箱。其长 × 高 × 宽为 20 ft × 8 ft × 8 ft(即 6. 058 m × 2. 438 m × 2. 438 m);

最大质量为20.32 t。

集装箱船舶通常用载运集装箱的数目表示其载重能力，为了便于比较载运不同规格集装箱船舶的载重能力，国际上通常采用标准箱作为换算的单位。标准箱（TEU，Twenty - foot Equivalent Unit）为20 ft集装箱，即装载一个40 ft的集装箱等于装载两个标准箱。

课后训练

一、制作思维导图

用思维导图软件把本节教学内容画成一张思维导图，没有思维导图软件的同学可联系本书作者，或者在微信中关注“港口与航运管理”公众号，与管理员联系，以便获取思维导图软件。

二、应用分析

请列举6种常见的货物，根据货源量和货物特性选择适运船舶的类型，并说明为货物选择适运船舶需要考虑的因素有哪些。

任务四　港口与航线

一、港口

（一）港口的定义

港口是具有水陆联运设备和条件，供船舶安全进出和停泊的运输枢纽。它是水陆交通的集结点和枢纽，工农业产品和外贸进出口物资的集散地，船舶停泊、装卸货物、上下旅客、补充给养的场所，如图1－4所示。由于港口是联系内陆腹地和海洋运输（国际航空运输）的一个天然界面，因此人们也把港口作为国际物流的一个特殊节点。

图1－4　港口

（二）港口的功能

港口历来在一国的经济发展中扮演着重要的角色。运输将全世界连成一片，而港口是运输中的重要环节。世界上有海岸线的发达国家一般都具有功能较为完善的港口。港口的功能可归纳为以下 4 个方面。

① 物流服务功能。港口首先应该为船舶、汽车、火车、飞机、货物、集装箱提供中转、装卸和仓储等综合物流服务，尤其是提供多式联运和流通加工的物流服务。

② 信息服务功能。现代港口不但应该为用户提供市场决策的信息及其咨询，而且还要建成电子数据交换（EDI）系统的增值服务网络，为客户提供订单管理、供应链控制等物流服务。

③ 商业功能。港口的存在既是商品交流和内外贸存在的前提，又促进了它们的发展。现代港口应该为用户提供方便的运输、商贸和金融服务，如代理、保险、融资、货代、船代、通关等。

④ 产业功能。建立现代物流需要具有整合生产力要素功能的平台，港口作为国内市场与国际市场的接轨点，已经实现从传统货流到人流、货流、商流、资金流、技术流、信息流的全面大流通，是货物、资金、技术、人才、信息的聚集点。

（三）港口的分类

1. 按用途分

港口按用途分，有商港、军港、渔港、工业港、避风港等。

（1）商港

商港是指供商船往来停靠，办理客货运输业务的港口。商港有自己的水上以及陆地的商港区域，在商港区域内有为便利船舶出入、停泊、货物装卸、仓储、驳运作业、服务旅客的水面、陆上、海底及其他一切有关设施。

（2）军港

军港又称海军基地，是军队专供海军舰艇使用的港口，供舰艇停泊、补给、修建、避风和获得战斗、技术、后勤等保障，具备相应的设备和防御设施。

（3）渔港

渔港是指专供渔船和渔业辅助船停泊、使用的港口，用于船舶傍靠、锚泊、避风、装卸渔获物和补充渔需及生活物资，并可进行渔获物的冷冻、加工、储运、渔船维修、渔具制造、通信联络，以及船员休息、娱乐、医疗等。

（4）工业港

工业港是为临近的江、河、湖、海的大型工矿企业直接运输原料、燃料和产品的港口。

2. 按所在位置分

港口按所在位置分，有海岸港、河口港和内河港。其中，海岸港和河口港统称为海港。

（1）河口港

河口港位于河流入海口或受潮汐影响的河口段内，可兼为海船和河船服务。它一般有大城市作为依托，水陆交通便利。内河水道往往深入内地广阔的经济腹地，承担大量的货流量，故世界上有许多大港，如纽约港、圣彼得堡港、上海港等。河口港的特点是：码头设施沿河岸布置，离海不远而又不需建防波堤，如果岸线长度不够，可增设挖入式港池。

（2）海港

海港位于海岸、海湾或泻湖内，也有离开海岸建在深水海面上的。位于开敞海面岸边或天然掩护不足的海湾内的港口，通常需修建相当规模的防波堤，如大连港、青岛港、连云港港、基隆港、意大利的热那亚港等；供巨型油轮或矿石船靠泊的单点或多点系泊码头和岛式码头属于无掩护的外海海港，如利比亚的卜拉加港、黎巴嫩的西顿港等；泻湖被天然沙嘴完全或部分隔开，开挖运河或拓宽、浚深航道后，可在泻湖岸边建港，如广西北海港；也有完全靠天然掩护的大型海港，如东京港、香港港、澳大利亚的悉尼港等。

（3）河港

河港是位于天然河流或人工运河上的港口，包括湖泊港和水库港。湖泊港和水库港水面宽阔，有时风浪较大，因此同海港有许多相似处，如往往需修建防波堤等。俄罗斯萨马拉、齐姆良斯克等大型水库上的港口和中国洪泽湖上的小型港口均属此类。

3. 按地位分

（1）国际性港

靠泊来自世界各国港口的船舶的港口称为国际性港。例如，中国的上海港和大连港等、国外的鹿特丹港和伦敦港等均属于此类。

（2）国家性港

主要靠泊往来于国内港口的船舶的港口称为国家性港。

（3）地区性港

主要靠泊往来于国内某一地区港口的船舶的港口称为地区性港口。

4. 按潮汐影响分

（1）开敞港

港内水位潮汐变化与港外相同的港口称为开敞港。

（2）闭合港

在港口入口处设闸，将港内水域与外海隔开，使港内水位不随潮汐变化而升降，保证在低潮时港内仍有足够水深的港口称为闭合港。例如，英国的伦敦港属于此类。

（3）混合港

兼有开敞港池和闭合港池的港口称为混合港。例如，比利时的安特卫普港属于此类。

5. 一般分类

（1）基本港(base port)

基本港是指运价表限定班轮公司的船一般要定期挂靠的港口。基本港大多数是位于中心的较大口岸，港口设备条件比较好，货载多而稳定。如果规定为基本港口，就不再限制货量。运往基本港口的货物一般均为直达运输，无须中途转船。但有时也因货量太少，船方决定中途转运，这时就由船方自行安排，并承担转船费用。收费时，按基本港口运费率向货方收取运费，不得加收转船附加费或直航附加费，并应签发直达提单。

(2) 非基本港(non -base port)

凡基本港口以外的港口都称为非基本港口。非基本港口一般除按基本港口收费外,还需另外加收转船附加费,达到一定货量时则改为加收直航附加费。例如,新几内亚航线的侯尼阿腊港(Honiara)便是所罗门群岛的基本港口,而基埃塔港(Kieta)则是非基本港口。运往基埃塔港口的货物运费率要在侯尼阿腊运费率的基础上增加转船附加费 43.00 美元/ft。

想一想

青岛某货代公司向伦敦某贸易公司报价,要求在双方都上班的时间尽早发传真。已知伦敦的工作时间为上午 9:00—12:00,下午 14:00—17:00;青岛的工作时间为上午 8:00—12:00,下午 13:30—17:30。想一想何时发传真最好?

(四) 港口构成

港口由水域和陆域组成。

1. 水域

通常包括进港航道、锚泊地和港池。

① 进港航道要保证船舶安全方便地进出港口,必须有足够的深度和宽度,适当的位置、方向和弯道曲率半径,避免强烈的横风、横流和严重淤积,尽量降低航道的开辟和维护费用。当港口位于深水岸段,低潮或低水位时天然水深已足够船舶航行需要时,就无须人工开挖航道,但要标志出船舶出入港口的最安全方便的路线。如果不能满足上述条件并要求船舶随时都能进出港口,则必须开挖人工航道。人工航道分单向航道和双向航道两种,大型船舶的航道宽度为 80 ~ 300 m,小型船舶的为 50 ~ 60 m。

② 锚泊地是指有天然掩护或人工掩护条件能抵御强风浪的水域,船舶可在此锚泊,等待靠泊码头或离开港口。如果港口缺乏深水码头泊位,也可在此进行船转船的水上装卸作业。内河驳船船队还可在此进行编、解队和换拖(轮)作业。

③ 港池是指直接与港口陆域毗连,供船舶靠离码头、临时停泊和调头的水域。港池按构造形式分,有开敞式港池、封闭式港池和挖入式港池。港池尺度应根据船舶尺度、船舶靠离码头方式、水流和风向的影响及调头水域布置等确定。开敞式港池内不设闸门或船闸,水面随水位变化而升降;封闭式港池池内设有闸门或船闸,用以控制水位,适用于潮差较大的地区;挖入式港池在岸地上开挖而成,多用于岸线长度不足,地形条件适宜的地方。

2. 陆域

陆域是指港口供货物装卸、堆存、转运和旅客集散之用的陆地区。陆域上有进港陆上通道(铁路、道路、运输管道等)、码头前方装卸作业区和港口后方区。前方装卸作业区供分配货物,布置码头前沿铁路、道路、装卸机械设备和快速周转货物的仓库或堆场(前方库场)及候船大厅等使用。港口后方区供布置港内铁路、道路、较长时间堆存货物的仓库或堆场(后方库场)、港口附属设施(车库、停车场、机具修理车间、工具房、变电站、消防站等),以及行政、服务房屋等使用。为减少港口陆域面积,港内可不设后方库场。

二、航线

（一）航线的基本定义

航线一般包括空中航线和海运航线。

航线也是分类的，按照飞机飞行的起讫点，航线可分为国际航线、国内航线和地区航线三大类。国际航线是指飞行路线连接两个或两个以上国家的航线；国内航线是指在一个国家内部的航线，又可分为干线、支线和地方航线三大类；地区航线是指在一国之内，连接普通地区和特殊地区的航线，如我国内地与港、澳、台地区之间的航线。另外，航线还可分为固定航线和临时航线，临时航线通常不得与航路、固定航线交叉或是通过飞行频繁的机场上空。

（二）海运航线的介绍

1. 按船舶营运方式分

（1）定期航线

定期航线又称班轮航线，是指使用固定的船舶，按固定的船期和港口航行，并以相对固定的运价经营客货运输业务的航线，主要装运杂货物。

（2）不定期航线

不定期航线是指临时根据货运的需要而选择的航线。其船舶、船期、挂靠港口均不固定，以经营大宗，低价货物运输业务为主。

2. 按航程的远近分

（1）远洋航线（ocean -going shipping line）

远洋航线是指航程距离较远，船舶航行跨越大洋的运输航线，如东亚至欧洲和美洲的航线。我国习惯上以亚丁港为界，把去往亚丁港以西，包括红海两岸和欧洲及南北美洲广大地区的航线划为远洋航线。

（2）近洋航线（near -sea shipping line）

近洋航线是指本国各港口至邻近国家港口间的海上运输航线的统称。我国习惯上把在亚丁港以东地区的亚洲和大洋洲的航线称为近洋航线。

（3）沿海航线（coastal shipping line）

沿海航线是指本国沿海各港之间的海上运输航线，如上海—广州、青岛—大连等。

3. 按航行的范围分

① 大西洋航线。
② 太平洋航线。
③ 印度洋航线。
④ 环球航线。

想一想

查询中国远洋集装箱有限公司提供了哪些航线服务(参考网址 http://www.coscon.com/home.screen)。哪些属于沿海运输,哪些属于远洋运输,哪些属于内河运输。

课后训练

一、在世界地图上画出上海港至美国西海岸基本港航线。港口包括上海、西雅图、奥克兰、洛杉矶。

二、在世界地图上画出天津新港至西北欧基本港航线。港口包括新港、安特卫普、鹿特丹、汉堡。

三、信息化能力提升

登录 http://alternative. netpas. net 网站,下载 Netpas Distance 软件,并绘制简单的航线图,学会计算航线距离与航行时间。

项目二 海运货运代理基础知识

知识目标

1. 了解船期表概念。
2. 掌握船期表构成要素。
3. 掌握海运提单的作用。

能力目标

1. 能根据船期表进行订舱与询价。
2. 能根据船期表合理安排货运时间。
3. 能根据货运委托书填写海运提单。

任务一　认知船期与运价

制定班轮船期表是班轮运输营运组织中的一项重要工作。班轮公司制定并公布船期表有多方面的作用：首先是为了招揽航线途经港口的货载，既满足了货主的需要，又体现了海运服务的质量；其次是有利于船舶、港口和货物的及时衔接，以便船舶有可能在挂靠港口的短暂时间内有尽可能高的工作效率；再次是有利于提高船舶公司航线经营的计划质量。

班轮船期表的主要内容包括航线、船名、航次编号、始发港、中途港、终点港、到达和驶离各港的时间、其他有关注意事项等。典型的班轮船期表如表 2－1 所示。

表 2－1　班轮船期表

国内港/长滩、西雅图、温哥华 CHINA/PNW

船名 VSL	航次 VOY	新港 XIN	青岛 OIN	上海 SHA	神户 KOB	长滩 LGB	西雅图 SEA	温哥华 VCR	横滨 YOK	神户 KOB	新港 XIN	青岛 QIN	上海 SHA
东河 DONGHE	113E/114W	8/10	8/12	8/14	8/17	8/29	9/2	9/4	9/16	9/18	9/21	9/23	9/25
泰河 THINH	121E/122W	8/17	8/19	8/24	9/5	9/9	9/11	9/23	9/25	9/28	9/30	10/2	

（续表）

CEN/美国国班线　　　　　　　　　　　　联系人：　　　　　　　　　　电话：

船名 VSL	航次 VOY	大连 DAL	新港 XIN	青岛 QIN	神户 KOB	温哥华 VCR	长滩 LGB	大连 DAL	新港 XIN	青岛 QIN
秀河 PRETTYR	0070E/0071E	23-23/05	24-25/05	26-27/05	29-29/05	10-11/06	14-15/06	04-04/07	05-06/07	07-08/07
荣河 HONOR R	0079E/0080E	30-30/05	31-01/06	03-03/06	05-05/06	17-18/06	21-22/06	11-11/07	12-13/07	14-15/07

各班轮公司根据具体情况，编制公布的船期表是有所差异的。通常情况下，近洋班轮航线因航程短且挂港少，船公司能较好地掌握航区和挂靠港的条件及港口装卸效率等实际状况，所以可以编制出时间准确的船期表，船舶可以严格按船期表规定的时间运行；远洋班轮航线由于航程长、挂港多、航区气象海况复杂，船舶公司难以掌握航区、挂靠港、船舶在航线上运行可能发生的各种情况，所以在编制船期表时对船舶运行的时间会留有余地。集装箱运输具有速度快、装卸效率高、码头作业基本上不受天气影响等优点，所以对集装箱班轮航线可以编制出较为精确的船期表。

国际货运代理人不但应了解班轮船期表的内容，还应该知道在哪里可以查找到船期表，同时知道班轮船期表所表示的ETA、ETD的准确性。

船期表上的相关英文缩写含义如下。

① ETA——Estimated Time of Arrival：船舶预计抵达的时间。

② ETD——Estimated Time of Departure：船舶预计离港的时间。

③ ETS——Estimated Time of Sailing：船舶预计开航的时间。

④ ETB——Estimated Time of Berthing：船舶预计停靠码头的时间。

船期表上的时间含义如下。

① BOOKING CLOSING：截单期，表示船舶公司接受订舱的最后日期。超过截单期，如果船舶公司同意再次接受订舱，称之为“加载”。

② CY OPEN：开港日，表示重柜可以还回船舶公司码头的时间。

③ CY CLOSING：截港时间，表示码头截止收柜的时间。

④ CUSTOMS SUBMISSION：截关时间，表示截止报关放行的时间。

知识链接

2007年，亿海蓝旗下船讯网产品上线。这个基于互联网的可视化的船舶位置提供追踪服务的网站，将所有船舶位置实时反馈给客户，一经推出就受到了热烈的欢迎——一时间，几乎所有国内港口集团、大中小型船东，都成了船讯网最忠诚的用户。虽然船讯网需要每年1.5万元年的服务费，但是很快就拥有了数千名会员。随着信息的透明，“插队”等不规范的行为得到极大遏制。

课后训练

一、网络学习

通过网络、相关专业书籍等方法查找目前国际航运市场上至少5家船公司的基本信息(见表2-2),并分别了解这5家船公司的主要航线和挂靠港口,学会从其公司网站或相关资料上查询航线船期表。

表2-2 船公司基本信息示例

序号	船公司中文名称	英文简称	所属国家/地区	公司中(英)文网站
示例	法国达飞轮船公司	CMA-CGM	法国	www.cma-cgm.com
1				
2				
3				
4				
5				

二、文案撰写及汇报

班级分成项目小组,每一个小组根据指导教师所布置的货物种类,通过互联网进行适合的船公司及其船期的搜索与查询,找出最适合的船公司及其运价本。制作成PPT,上传到蓝墨云端课指定位置,由教师评价及同学评价构成该项目的分值。

任务二 认知运价基础

班轮运价是班轮公司为运输货物向货主收取的运输价格,也就是班轮公司为运输单位货物所消耗的人力、物力及为运输货物所支付给各有关方面的费用。其中,包括船舶折旧、大修理基金的提取、银行利息、燃料物料的消耗、港口使用费(如装卸费、吨税、运费税等)、船员工资福利和伙食及适当的利润等。

影响班轮运价的主要因素是运输成本、货物的价值和特性、运输量和港口的装卸效率、航程的距离、燃料的价格和船员的工资水平及航运市场供求关系的变化等。

一、运价本

运价本视制定单位的不同,有班轮公司运价本、班轮公会运价本、双边运价本和协议运价本之分;就费率形式不同,分为等级运价本和商品费率本。各种运价本在内容上虽稍有区别,但一般都包括说明及有关规定、港口规定及条款、货物分级表、航线费率表、附加费费率表、冷藏货及活牲畜费率表等部分。目前使用的主要运价本有以下几种。

① 我国广泛使用的外运三号本、中远集团六号运价表属于等级运价本。它把所有货物分成20个等级,由交通运输部印发。费率均以美元标价,适用于由我国港口和中远航线挂

靠港口之间的往返货运。

② 凡对美国海运进出口货物的运价,船公司需向美国联邦海事委员会(FMC)登记,经认可后船公司方能使用(FMC)登记的运价(属商品费率)。该运价适用于各托运人,不受歧视。

③ 如果使用中波轮船公司、日本东方轮船公司、德国瑞克麦斯公司班轮承运或进出口货物,则分别使用其本公司制定的费率本。

小知识

波罗的海贸易海运交易所干散货运价指数(Baltic Dry Index,BDI)衡量的是铁矿石、水泥、谷物、煤炭和化肥等资源的运输费用,是航运业的经济指标,包含了航运业的干散货交易量的转变。BDI 指数是国际干散货运输市场走势的晴雨表。

二、运价的相关内容

在班轮运输中,船舶的一切正常营运支持均由船方负担(装船、卸船和理舱在内的作业和费用)。承运人和货主之间不规定装卸时间,也不计算滞期费和速遣费。承运人和托运人双方的权利义务、责任豁免及签发载有详细条款的提单是双方货物纠纷的依据。班轮运输价格作为一种垄断价格,具有运价水平较高、货物对运费的负担能力较强、运价在时间上相对稳定等特点。

班轮运费(liner freight)是班轮公司运输货物而向货主收取的费用,包括货物的装卸费和货物从装运工至目的港的运费费用及附件费用,即由基本运费和附加费两部分组成,如图 2－1 所示。

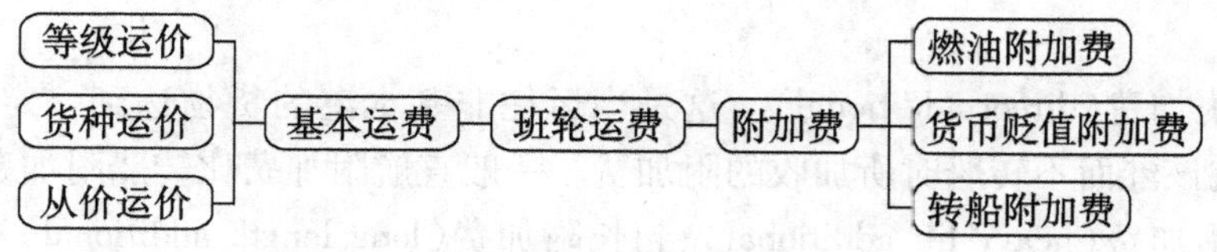

图 2－1　班轮运费的组成

(一) 基本运费

基本运费是指每一计费单位(如 1 运费吨)货物收取的基本运费,包括货物在装运港的装货费用和在目的港的卸货费用及从装运港到目的港的运输费用。基本运费有等级运价、货种运价、从价运价、特殊运价和均一运价之分。目前,多数航线上采用等级费率。其计算标准主要有以下几种。

① 按货质量计算,以 W 表示。例如,1 M/T(公吨,1 000 kg)、1 L/T(长吨,1 016 kg)或 1 S/T(短吨,907.2 kg)为一计算单位,又称质量吨。

② 按货物尺码或体积计算,以 M 表示。例如,1 m^3(约合 35.314 7 ft^3)或 40 ft^3 为 1 个

计算单位，又称尺码吨或容积吨。

③ 按货物质量或尺码，选择其中收取运费较高者计算运费，以 W/M 表示。

④ 按货物 FOB 价收取一定百分比作为运费，称从价运费，以 Ad. Val 表示（系拉丁文 ad valorem 的缩写）。也有以 W/M 或 Ad. Val 三种计算标准中选取运费较高者和 W/M plus Ad. Val 质量或尺码任选一种运费较高者再加上从价运费来作为运费的，但运用的情况不多。

⑤ 按每件为一单位计收。例如，活动物按每头（per head）、车辆按每辆（per unit）、起码运费按每提单（per B/L）计收。

⑥ 由船货双方临时议定价格收取运费，称为议价。

以质量吨或尺码吨计算运费的，统称为运费吨。如果不同商品混装在一个包装内（集装箱除外），则全部货物按其中收费高的商品计收运费。同一种货物因包装不同，其计费标准也不同。

（二）附加费

为了保持在一定时期内基本费率的稳定，又能正确反映各港各种货物的航运成本，班轮公司在基本费率之外又规定了各种附加费用。附加费种类繁多且经常变化，在计算运费成本时不能忽视。现将主要的附加费列举如下。

① 燃油附加费（Bunker surcharge or bunker Adjustment Facto，B. A. F）。这是在燃油价格突然上涨时，按每一运费吨加收一绝对数或按基本运价的一定百分比加收的附加费。

② 货币贬值附加费（devaluation surcharge or Currency Adjustment Factor，C. A. F）。这是在货币贬值时，船方为保持其实际收入不致减少，按基本运价的一定百分比加收的附加费。

③ 转船附加费（transhipment surcharge）。这是指凡运往非基本港的货物，需转船运往目的港，船方收取的附加费。其中，包括转船费和二程运费。但有的船公司不收此项附加费，而是分别另收转船费和二程运费。这样收取一、二程运费再加转船费，即通常所称的“三道价”。

④ 直航附加费（direct additional）。这是当运往非基本港的货物达到一定的货量，船公司可安排直航该港而不转船时所加收的附加费。一般直航附加费比转船附加费低。

⑤ 超重附加费（heavy lift additional）、超长附加费（long length additional）和超大附加费（surcharge for bulky cargo）。这是当一件货物的毛重、长度或者体积超过或达到运价本规定的数值时加收的附加费。我国中远公司规定每件货物达到 5 M/T 或 9 m 以上时，加收超重或超长附加费。国外船公司规定不一，有 3 M/T 或 8 M/T 以上为超重货、12 m 或以上为超长货、6 m^3 或以上为超大件的情况。一般超重费按公吨计收，超长费按运费吨或按公吨和运费吨中高者计收。但无论超长、超重还是超大件，在托运时必须注明。如果货物需转船，则每转船一次，加收一次附加费。

⑥ 港口附加费（port additional or port surcharge）。有些港口由于设备条件差或装卸效率低，以及其他原因，船公司加收的附加费一般按基本运价的一定百分比收取。

⑦ 港口拥挤附加费（port congestion surcharge）。这是有些港口由于拥挤，致使船舶停泊时间增加而加收的附加费。这种附加费随着港口条件的改善或恶化而变化，一般也是按基

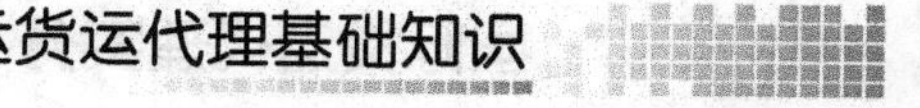

本运价的一定百分比计收。

⑧ 选港附加费(optional surcharge)。这是货方托运时尚不能确定具体卸港,要求在预先提出的两个或两个以上港口中选择一港卸货,船方因此而加收的附加费。所选港口限定为该航次规定的挂港,并按所选港中收费最高者计收运费及各种附加费。货主必须在船舶到达第一卸港前的规定时间内(一般规定为 24 小时或 48 小时前),通知船方最后选定的卸货港。

⑨ 变更卸货港附加费(alternation of destination charge)。这是货主要求改变货物原来规定的卸港,在经有关当局(如海关)准许,船方又同意的情况下所加收的附加费。如果改卸港运费较原卸港运费增加,则货主必须补交差额运费。

⑩ 绕航附加费(deviation surcharge)。这是由于正常航道受阻不能通行,船舶必须绕道才能将货物运至目的港时,船方所加收的附加费。

除以上各种附加费外,还有一些附加费需临时由船、货双方议定,如洗舱费、熏蒸费和破冰费、加温费等。各种附加费是对基本运价的调节和补充,可比较灵活地对各种外界不测因素的变化做出反应,是班轮运价的重要组成部分之一。

关于附加费的计算办法一般有两种规定:一是用百分比表示的,是指按基本费率增收百分之几;二是用绝对数表示的,是指每运费吨增收若干元,也就是与基本费率直接相加计算。

知识链接

货币贬值附加费是班轮运输所收取的附加费的一种。班轮在计收运费时,无论是基本运费还是其他附加费,都采取一定的货币种类作为结算货币。在远洋跨国运费中,一般采用国际上流通性很强的硬通货,如美元。然而,在 1973 年金融危机以后,世界各主要货币均采用浮动汇率制,不再与贵金属挂钩。

三、班轮计算标准

运费计算标准是指计算运费的货物单位,不同的商品按不同的单位来计算运费。其计算标准通常有以下几种。

1. 运费吨

通常选择货物质量或体积中收取运费较高者计算运费。其中,货物的质量为毛重的,体积为货物外形体积。一般来说,重货以质量计费,轻泡货物以体积计费,运费吨一般表示为 FT 或 W/M。

2. 起码运费

起码运费也称为起码提单,是指以一份提单为单位最少收取的运费。不同承运人使用不同的起码运费标准,件杂货和拼箱货一般以 1 W/M 为起码运费标准,最高不超过 5 W/M。每份提单的最低运费,根据不同地区、是否转船等情况决定。但是,如果全部货物的体积不超过 0.2 m^3,质量不超过 50 kg,则可以要求船公司免费运送。

3. 基本港(base port)

这是指班轮公司的船一般要定期挂靠的港口,大多数为位于中心的较大口岸,港口设备条件比较好,货载多而稳定。如果规定为基本港口,就不再限制货量。运往基本港口的货物一般均为直达运输,无须中途转船。但有时也因货量太少,船方决定中途转运,这时由船方自行安排,承担转船费用,应按基本港口运费率向货方收取运费,不得加转船附加费或直航附加费,并应签发直达提单。

4. 非基本港口(non－base port)

凡基本港口以外的港口都称为非基本港口。非基本港口一般除按基本港口收费外,还需另外加收转船附加费,达到一定货量时,则改为加收直航附加费。

5. 基本运费率

运费率是每单位货物的价格,如每吨(t)或每立方米(m^3)即每运费吨的价格,也就是运费的单位,英文可以说成 freight unit price。基本运费率(basic rate)是运价表中对货物规定必收的基本运费单价,简称基本费率,是其他一些按百分比收取的附件费的计算基础。

知识链接

在运价表中,计算单位为运费吨,运费吨可以是质量吨或尺码吨。目前各国都趋向采用国际单位制,以 t(即公吨,简称吨)和 m^3(立方米)为计算单位。但在英国和某些欧洲国家的航运界仍用 UK ton(长吨或英吨,L/T)和 ft^3(立方英尺)为计费单位。因此,在计算运费时首先要对计量单位进行换算。

小案例

某公司要从美国洛杉矶进口一批 15 t 的家具,以前客人从洛杉矶空运到深圳,再通过一般贸易清关进来。但是由于运费比较高,客户的产品利润大大降低了,所以想换个安全的渠道,以便节省成本,提高产品的利润。鉴于以上特殊情况,深圳云翔国际货运代理有限公司给出以下解决方案。

① 港口的选择。美国加州西沿海岸港口之一——长滩海港(LB)。

② 工厂到港口的运输。代理安排专门的卡车从集装箱堆放处拉出空柜去工厂提货,然后把货柜运回码头集装箱堆场。

③ 合理安排船期。选择长滩港到深圳蛇口港的日本邮船 NYK 船公司。

④ 文件的前续处理。提前通知发货人准备所有的报关资料,提前安排定舱。

⑤ 货物的跟踪。专业的客服人员 24 小时不间断与国外代理及发货人沟通,随时反馈物流流向情况。

⑥ 到货后的服务。第一时间将所有的清关资料准备好,去深圳蛇口港进行清关。

分组模拟国际货运公司市场部人员及船公司代表，尝试用简单英文信函建立合作关系并模拟询价、报价、申请特殊运费的电子商务过程。

教师评价、学生自评与互评评分表

姓名	学习态度(20%)	职业素养(20%)	专业知识(35%)	参与程度(25%)

任务三　认知班轮运费计算

集装箱海运运费的计算办法与普通杂货班轮运输中的运费计算办法类似，也是根据费率表中规定的费率和计费办法计算运费，并有基本运费和附加运费之分，但也有不同之处。目前，集装箱海运基本运费的计算办法分为两大类：一类是沿用件杂货运费计算方法，以每运费吨(W/M)为计算单位，对具体航线按货物的等级及不同的计费标准(俗称散货价)计算基本运费；另一类是以箱为计算单位，对具体航线实行分货物等级和箱型的包箱费率或不分货物等级只按箱型的包箱费率计算基本运费。前一类计算方法对拼箱货运输较为合适，大多数船公司在拼箱货运输中采用这种方法；后一类对整箱货运输较为合适。尽管还有一些船舶公司在整箱货运输中仍采用前一类方法，但大多数船舶公司已相继制定了各航线的包箱费率。在国际集装箱运输中，包箱费率计算方法正在取代传统的件杂货费。

知识链接

达飞轮船2016年亏损4.52亿美元，推迟3艘新船订单

全球第三大班轮公司——达飞轮船发布2016年业绩报告。报告显示，随着四季度运费反弹，达飞轮船已转入盈利，净收益和核心息税前溢利分别运到4 500万美元和1.93亿美元。但综合全年，仍净亏损4.52亿美元，2015年同期则实现盈利5.67亿美元。针对此，今年2月新上任的达飞轮船总裁鲁道夫・萨德表示，2016年是达飞轮船具有里程碑意义的一年，在这一年收购了东方海皇并加入了海洋联盟，将为达飞轮船在2017年打下基础。包括东方海皇在内，达飞轮船2016年实现全年收入160亿美金，同比增长1.9%。其中，四季度同比大幅增长28%至45.7亿美元。同时，得益于收购东方海皇，达飞轮船于2016年箱运量相较上年增长20%，达到1 560万TEU，除去东方海皇影响，其2016年全年完成箱运量1 280万TEU。2016年四季度，达飞轮船平均每箱收入环比实现增长2.9%，但综合全年，平均每箱收入同比降低13.6%。下半年，达飞轮船还开展了一项全新提高全球运营效率的计划，除去油价浮动影响，该计划使得其2016年平均每箱成本同比下降5%。

预计到 2017 年 12 月底,这项成本缩减计划在 18 个月内将为其节约 10 亿美元。此外,达飞轮船还表示,在短期内将不会下任何新船订单。与此同时,达飞轮船还将 3 艘原本预计在 2017 年接收的新船订单推迟至 2018 年。

一、拼箱货的海运运费

目前各船公司拼箱货运费基本上依据件杂货运费计算标准计算,即按公司运价本规定的(或双方议定的)W/M 费率计算基本运费,再加收集装箱运输所产生的有关费用,如拼箱服务费、支线附加费、超重或超尺度附加费等。

拼箱货运费计收应注意以下 4 个要点。

① 船舶公司或其他承运人对拼箱货运费的计算,以其所承担的责任和费用为依据。由于拼箱货由货运站负责装箱、拆箱,且承运人的责任系从出口国货运站至进口国货运站,所以货运站应为承运人所拥有或管辖,交货前和交货后所发生的责任、费用由货主自负。

② 拼箱货海运运费的计收方法类同班轮运输下的件杂货运费计算方法,只是加收集装箱有关费用,如拼箱服务费等,并不再收取件杂货码头的收货费用。这些运费和有关费用的计算依据,是船舶公司制定的运价本所规定的每一件货物的质量或尺码。但是,从价货物的拼箱服务费则根据货物质量或尺码(W/M),从其高者计收。

③ 拼箱货的起码运费,按每一提单计收,计费时不足 1 t 部分按 1 t 收费。

④ 由于拼箱货涉及不同的收货人,所以,拼箱货不能接受货主提出的有关选港或变更目的港的要求。因此,也没有拼箱货的选港附加费和变更目的港附加费。

例 2-1 一批货物为女式皮鞋,共计 10 m^3,采用集装箱拼箱方式运输,从宁波出运至汉堡,费率 USD3/CBM(USD 表示美元,CBM 表示 m^3)。试问:应收海运运费多少?

解 本例中计费体积为 10 m^3,费率为 3 美元/m^3,则运费 = 计费体积 × 费率 = 10 × 3 = 30(美元)。

例 2-2 一批货物为小家电,共计 10 m^3,采用集装箱拼箱方式运输,从宁波出运至美国西雅图,费率 USD75/CBM、AMS(美线的舱单费)USD25。试问:应收海运运费多少?

解 本例中计费体积为 10 m^3,费率为 75 美元/m^3,舱单费 25 美元,则运费 = 计费体积 × 费率 + 舱单费 = 10 × 75 + 25 = 775(美元)。

二、整箱货的海运运费

(一) 按包箱费率计算运费

在整箱货运输中,大多数公司已采用以箱为单位的计费方式,实行包箱费率(box rates),按包箱费率乘以整箱个数得出基本运费,再加上附加费,得到应收运费的金额,即

运费＝包箱费率×箱量＋附加费

它常用于集装箱整箱交货的情况，即 CFS－CY 或 CY－CY 条款。常见的包箱费率有以下 3 种表现形式。

1. FAK 包箱费率（Freight for All Kinds）

FAK 包箱费率就是对每一集装箱不细分箱内货类，不计货量（在本箱型规定的质量限额之内），只按箱型统一规定的费率计费。采用这种费率时，货物除普通货物外，还分为一般化工品、半危险货物、危险货物和冷藏货物 4 类。不同类的货物，不同尺度（20 ft 或 40 ft）的集装箱费率不同。这种费率在激烈竞争的形势下，受运输市场供求关系变化影响较大，变动也较为频繁，一般适用于短程特定航线的运输和以 CY－CY、CFS－CY 方式交接的货物运输。

2. FCS 包箱费率（Freight for Class）

这是按不同货物等级制定的包箱费率。集装箱普通货物的等级划分与杂货运输方法一样，仍是 1～20 级，但是集装箱货物的费率级差远小于杂货费率级差。一般低级的集装箱收费高于传统运输，高价货集装箱低于传统运输；同一等级的货物，重货集装箱运价高于体积货运价。可见，船舶公司鼓励人们把高价货和体积货装箱运输。在这种费率下，拼箱货运费计算与传统运输一样，根据货物名称查得等级，计算标准，然后去套用相应的费率，乘以运费吨，即可得基本运费。

3. FCB 包箱费率（Freight for Class or Basis）

这是按不同货物等级、货类及计算标准制定的费率。在这种费率下，即使是装有同种货物的整箱货，当以质量吨或体积吨为计算单位（或标准）时，其包箱费率也是不同的。这是与 FCS 费率的主要区别之处。

使用这种费率计算基本运费时，首先不仅要查清货物的类别等级，还要查明货物应按体积还是质量作为计算单位。然后按等级、计算标准及交接方式、集装箱类别查到每只集装箱的运费。这种费率也属于货物（或商品）的包箱费率。中远运价本中在中国—卡拉奇等航线上采用这种费率形式。应当说明的是，集装箱货物海运运费除按运价本中的费率表计算外，还应在使用前详细了解使用的规划和计算方法，以免引起纠纷。

（二）按最低与最高运费计算

在整箱托运集装箱货物且所使用的集装箱为船公司所有的情况下，托运人有按最低计费吨或最高计费吨支付海运运费的规定。

1. 最低计费吨运费

规定集装箱最低计费吨运费的主要目的是，如果货主所自装货物的质量或体积吨数没有达到规定的要求，则船公司仍按该规定的最低计费吨计算运费。最低计费吨可以是质量吨或尺码吨，也可以是占集装箱容积装载能力的一个百分比，一般为集装箱箱内容积的 60%。例如，20 ft 箱为 21.5 m^3 尺码吨，40 ft 箱为 43 m^3 尺码吨。

当集装箱内所装载的货物总重或者体积没能达到规定的最低质量吨或体积吨，而导致集装箱装载能力未被充分利用时，货主将支付亏箱运费。亏箱运费实际上就是对不足计费吨所计收的运费,不足计费吨是所规定的最低计费吨和实际装载货物数量之间的差额。例如,20 ft 箱内装载货物,质量吨为 13 t,尺码吨 19 m^3,最低计费吨 21.5 m^3,则不足计费吨为 2.5 m^3。

2. 最高计费吨运费

最高计费吨运费仅适用于集装箱整箱运输。其含义是即使货主自装的实际装箱货物的质量或体积吨数超过规定计费吨,承运人仍按该箱子规定的最高计费吨收取运费,超出部分免收运费。

规定最高计费吨运费的目的主要是鼓励货主使用集装箱装运货物,并能最大限度地利用集装箱的内容积。为此,在集装箱海运运费的计算中,船公司通常都为各种规格和类型的集装箱规定了一个按集装箱内容积折算的最高计费吨(一般习惯按箱内容积的 85% 计算)。例如,20 ft 箱为 31 m^3 尺码吨,40 ft 箱为 67 m^3 尺码吨。最高计费吨之所以用体积吨而不用质量吨为计算单位,是因为每一集装箱都有其最大载质量,在运输中超重是不允许的。

最低计费吨或最高计费吨运费一般是在货主使用的集装箱是由船舶公司(或其他类型的运输经营人)提供的,由货主自行装箱且计费方法是按货物等级(for class)或不同计费标准(for basis)条件下采用的。在货主使用自有箱(包括货主自己租的箱子)或由承运人货运站装箱,或者计算方式采用均一包箱费率(FAK)的情况下,一般不实行这种规定。

三、整箱货余箱运费

许多船公司为了争取更多的货源,对较大数量的货物给予优惠。例如,远东航运公会规定同时托运 3 个集装箱时,第 3 只箱的最低计费吨可小一些;对整箱货余箱运费的计收,有的船公司规定当货主托运箱量达到一定数量时,最后一箱按实际装箱体积收费。

例 2-3 有一批小五金 500 件,8.5 t/20.26 m^3,需从连云港运到香港,CFS/CY 条款。已知装箱费为 USD120/20 ft、USD240/40 ft,试求应收运费。

航线运价表显示如表 2-3 所示。

表 2-3 航线运价表 USD

货 名	CFS/CFS (W/M)	CY/CY 20 ft/40 ft
普通货物	60/47	750/1 350
半危险品	71/55	950/1 710
危险品	87/66	1 222/2 200
冷藏货		2 000/3 600

解 根据货物体积,按 1×20 ft 订舱。按整箱托运的货物,如果托运人委托承运人或其代理人装箱,则托运人应在运费之外另加装箱费。

基本运费 = 箱量×包箱费率 = 1×750 = 750(美元)

运费 = 基本运费 + 装箱费 = 750 + 120 = 870(美元)

例 2 - 4　班轮公司规定，某航线上 20 ft 干货箱装载货物的最低限量为 21.5 m^3 或 17.5 t。现内装仪表(电器)，尺码吨 19.5 m^3，质量吨 15 t，费率 USD18.5 M，燃油附加费 USD5/RT，试计算运费。

解　本例中集装箱货物运费的计算按普通杂货班轮的运费计算办法，有最低运费计价标准限制。

已知费率以体积为单位，最低运费吨为 21.5 m^3。

货量 19.5 m^3 < 最低计费吨 21.5 m^3，所以按 21.5 m^3 计算运费：

基本运费 = 18.5 × 21.5 = 397.75(美元)

附加费 = 5 × 21.5 = 107.5(美元)

运费 = 397.75 + 107.5 = 505.25(美元)

例 2 - 5　一批五金配件，尺码吨大于其质量吨，实际装入 40 ft 集装箱内的尺码为 57.5 m^3，运价本基本费率 USD75 W/M，燃油附加费 USD5/RT，货币贬值附加费 6.4%，船公司规定的最高运费吨为 40 ft 箱 55 m^3。试求这批货物应付的运费是多少。

解　本例要运用最高运费吨的计价标准。

货量 57.5 m^3 > 最高计费吨 55 m^3，所以按 55 m^3 计算运费：

基本运费 = 55 × 75 = 4 125(美元)

附加费 = 燃油附加费 + 货币贬值附加费

　　= 55 × 5 + 4 125 × 6.4% = 275 + 264 = 539(美元)

运费 = 4 125 + 539 = 4 664(美元)

综上所述，运费的计算步骤如图 2 - 2 所示。

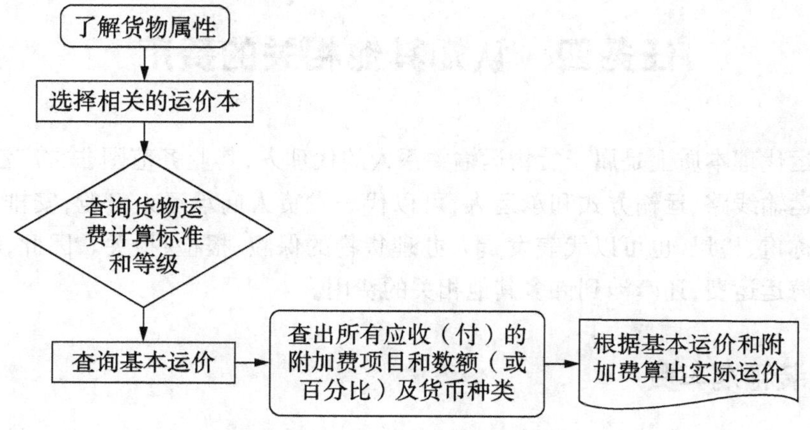

图 2 - 2　运费的计算步骤

知识链接

包干运费

在出口中，在集装箱需要中转后再运往目的港的情况下，一般订用不同中转港至目的港的包干运价。而由装货港运往中转港的一程运费，仍按具体航线和货物的等级费率计算。全程运费由一程运费、中转包干费和中转港到目的港的包干运费（即二程运费）相加即得。中转包干费由中转港的各项有关费用和中转港代理的手续费用确定。中转包干费和二程运费均由货运公司向货主代收后付给中转港代理，由中转港代理结算。

课后训练

1. 一票货物要从天津海运到国外，货物质量为 50 t，已用 100 个圆桶分装，每个桶直径为 0.7 m，桶高为 1 m。某货代公司为货主找到一个杂货班轮公司实际承运该货物。对照该班轮公司的运价本可知：基本运价是 USD100/运费吨；燃油附加费（BAF）按基本运费增收 10%；货币贬值附加费（CAF）按基本运费增收 10%；计费单位是 W/M。

要求：计算该票货物的运费，告知货主以下事项。

（1）货物的计费吨（运费吨）是多少？

（2）该票货物的基本运费是多少？

（3）该票货物的附加运费是多少？总运费又是多少？

2. 天津运往加拿大蒙特利尔港口“三色带帽熊”一批计 5 000 件和 9 120 件。每箱体积为 82 cm × 40 cm × 50 cm。每箱装 60 只，每箱质量为 25 kg。当时燃油附加费为 40%；蒙巴萨港口拥挤附加费为 10%。

要求：计算海运费并告知货主。

任务四　认知其他相关的费用

国际货运代理本质上是属于货物运输关系人的代理人，其业务范围非常广泛，可以代表发货人选择运输线路、运输方式和承运人，可以代表发货人向承运人订舱，安排货物的短途运输、仓储、称重、检尺，也可以代表发货人办理货物的保险、报检、报关。因此，其需要计算的不仅仅是海运运费，还牵涉到许多其他相关的费用。

一、集装箱拖车费

集装箱拖车费是指货主不但委托国际货运代理企业订舱，还委托其安排集装箱拖车将空箱运到装货地点，并将装满货物的集装箱重新运往码头的集装箱堆场，所支付的短途或长途公路运输费用。有些国际货运代理企业设有自己的集装箱拖车公司，集装箱拖车费由该企业收取。而大部分国际货运代理企业没有自己的集装箱拖车公司，所以集装箱拖车运费还是属于代收代付性质。

知识链接

一般的集装箱车辆都是拖板车,一辆标准拖板车可以放两个标准20 ft集装箱或一个40 ft集装箱。对于拖车行来说,派遣一部车如果只装一个20 ft箱叫作"单拖",装两个20 ft箱叫"双拖"或"孖拖"。其出车成本基本都是一致的,只是会根据质量的增加适当加收一定费用。对于拖车运费来说,装两个20 ft集装箱的拖车费往往并不是一个20 ft的两倍,是因为其可以采取孖拖的形式。当然,其前提是载质量不超过相关地方公路的限重范围。

二、报关费

报关费是指报关代理企业为客户提供报关服务后,向客户收取的服务费用及代垫费用。如果客户委托国际货运代理企业报关,则需向该企业支付报关费。大部分国际货运代理企业并不兼营代理报关业务,所以仍需委托其他代理报关企业办理报关手续,因此所收报关费也是属于代收代付的性质。

三、海关查验费

海关查验费是指海关在查验集装箱时产生的搬移、摆箱、装卸的费用。集装箱查验完毕后,一般先由代理报关企业垫付查验费,然后通过委托其报关的国际货代企业,最后向货主收回。

四、文件费

文件费是指船公司为制作集装箱运输的文件,以及文件的流动所收取的费用。国际货运代理向客户收取文件费后要交给船公司,所以还是属于代收代付性质。一般每一份提单收取一份文件费,所以有时也叫作提单费。

五、电放费

电放费是指托运人要求承运人以电报放货的方式,将货物在目的港交付给收货人,承运人因办理电放手续而向托运人收取的手续费用。电放费一般也是由国际货运代理企业收取后,再付给承运人。

六、仓储费

仓储费是指货物在装船前在仓库储存所支付的费用。有些客户因某种原因,将货物运

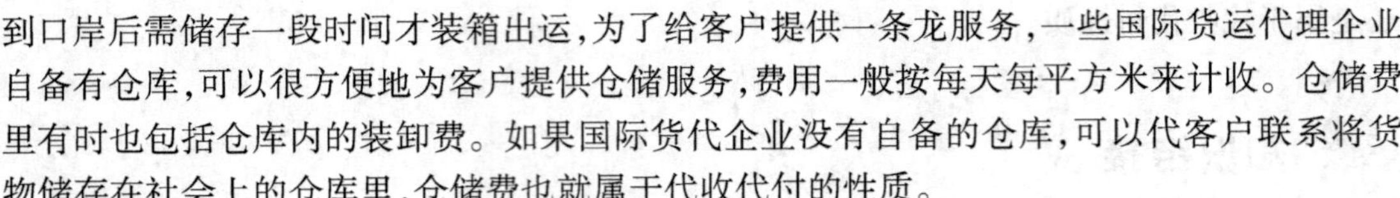

到口岸后需储存一段时间才装箱出运，为了给客户提供一条龙服务，一些国际货运代理企业自备有仓库，可以很方便地为客户提供仓储服务，费用一般按每天每平方米来计收。仓储费里有时也包括仓库内的装卸费。如果国际货代企业没有自备的仓库，可以代客户联系将货物储存在社会上的仓库里，仓储费也就属于代收代付的性质。

七、港口建设费

港口建设费是经国务院批准征收的专项用于港口建设的政府性基金。它是为了加快港口的发展建设特别设置的一项港口费目，征收管理工作由交通运输部负责。港口建设费的收入作为国家建设港口资金的一项来源，资金的使用由交通运输部按照国家有关规定统一安排。港口建设费的义务缴费人为发货人（或其代理人）或收货人（或其代理人）。此项费用一般由国际货运代理企业向客户收取后向港务局统一支付。

此外，国际货运代理还可能会代收代付其他的一些运杂费用，如场站费、外理信息费、集装箱设备管理费、舱单费、商检等。表 2－4 至表 2－6 所示列出了几个口岸的国际货运代理的费用。

表 2－4　上海口岸费用一览表

费用名称	费用金额（备注说明）
订舱费	RMB270. 00/20 ft，RMB380. 00/40 ft
报关费	RMB100/票
商检换证凭单	RMB100/票
仓库内箱费	RMB500. 00/20 ft，RMB800. 00/40 ft（洋山港 RMB900/1 500）
单证费	150/票
THC：RMB475. 00/20，RMB760. 00/40。各船公司收费不同，请具体与口岸操作确认	

说明：电放费、改单费等费用根据船公司不同有所不同，需现确认。

表 2－5　天津口岸费用一览表

费用名称	费用金额（备注说明）
港杂费	RMB185. 00/20 ft，RMB310. 00/40 ft
装箱费	RMB500. 00/20 ft，RMB800. 00/40 ft
报关费	RMB135. 00/票
商检代理费	RMB100. 00/票
单证费	RMB150. 00/票
舱单传输费	RMB20. 00/票
运抵报告费	RMB200. 00/20 ft，RMB300. 00/40 ft
港口设施保安费	RMB20. 00/20 ft，RMB30. 00/40 ft
THC：RMB480. 00/20 ft，RMB765. 00/40 ft。各船公司收费不同，请具体与口岸操作确认。	

说明：马士基多收一个设备管理费，为 RMB50/20、40，电放费、改单费等费用根据船公司不同有所不同，需现确认。

表2-6　广州口岸费用一览表

费用名称	费用金额(备注说明)
文件费/电放费	RMB150/单,RMB150/单
报关费	RMB300/单
报检费	RMB100/单
OTHC/ORC	RMB475/750,USD141/269(ORC 为华南地区特有,OTHC、ORC 只收一个。ORC 的征收范围为欧地线、北美线、拉丁美洲等)
码头杂费	RMB300~400/20 ft,RMB400~500/40 ft
码头内装费	RMB650~850/20 ft,RMB950~1 400/40 ft(如果送货到码头,则会产生此费用。该费用包含汽车送货的卸车费、装箱费、码头杂费)

注意:1. 广州黄埔港口众多,各码头费内装包干费需根据不同码头单独确认。
2. 关于 ORC 的征收范围可能会随船公司的不同有所不同,请单独确认。

小知识

关于集装箱,人们不知道的种种事实有:①90%的商品都来自海上的集装箱运输;②如果苏格兰捕到鱼,把鱼通过集装箱运到中国加工处理再运回去,比在苏格兰当地处理还要便宜;③2016 年世界银行的统计数字表明,中国从沿海到内陆的运输费用,是从中国到美国海运运费的 3 倍。

课后训练

实训项目　借助互联网,制作运价成本表,并形成公司的报价单。

实训内容　用因特网查询典型船公司航线的运价本等信息,比较不同船公司统一航线的运价和航线服务,并根据模拟的货代公司的数据制作运价表。然后,根据指导教师所提供的货代公司的信息,制作出公司出口美国、欧洲、非洲的集装箱班轮运输的报价单(大包及小包)。

实训步骤

1)向船公司发出询价英文信函。
2)根据船公司给出的运价成本区分出不同的港口所属航线。
3)计算天津港起步价,制作运价表。
4)根据运价表及货代公司信息制作报价单。

任务五　认知海运提单

一、海运提单的含义

海运提单(Bill of Lading,B/L)简称提单,是指由船长或者船公司或者其代理人签发的,证明已收到特定货物,允诺将货物运至特定的目的地,并交付给收货人的凭证。海运提单也是收货人在目的港据以向船公司或其代理提取货物的凭证。

二、海运提单的性质和作用

海运提单的性质和作用可以概括为以下 3 个方面。

① 提单是承运人或其代理人签发的货物收据(receipt for the goods),证明承运人已按提单所列内容收到货物。

② 提单是一种货物所有权的凭证(document of title)。提单代表着提单上所记载的货物,提单持有人可以凭提单请求承运人交付货物,而船长、船公司或其代理人也必须按照提单所载内容,将货物交付给收货人。因此,提单具有物权凭证性质。它可以通过合法手续进行转让,转让提单也就意味着转让物权,也可以作为抵押品向银行融资。

③ 提单是承运人和托运人之间订立的运输契约的证明(evidence of the contract carriage)。双方的权利、义务都列明在提单之内,因此是处理承运人和托运人在运输中的权利、义务的依据。但在采用承租船运输货物的情况下,有关当事人还必须受租船合同的约束。

三、海运提单的种类

提单可以从不同角度加以分类,主要有以下几种。

(一) 根据货物是否装船分类

根据货物是否装船分为已装船提单和备运提单。

1. 已装船提单(on board B/L or shipped B/L)

已装船提单是指承运人已将货物装上指定的船只后签发的提单。这种提单的特点是提单上面有载货船舶名称和装货日期。

2. 备运提单(received for shipment B/L)

备运提单是指承运人收到托运的货物待装船期间签发给托运人的提单。这种提单上面没有装船日期,也没有载货的具体船名。

在国际贸易中,一般都必须是已装船提单。《跟单信用证统一惯例》(简称 UCP600)规定,在信用证无特殊规定的情况下,要求卖方必须提供已装船提单,银行一般不接受备运提单。

(二) 根据货物表面状况,有无不良批注分类

根据货物表面状况,有无不良批注分为清洁提单和不清洁提单。

1. 清洁提单(clean B/L)

清洁提单是指货物装船时表面状况良好,承运人在签发提单时未加任何货损、包装不良或其他有碍结汇批注的提单。

2. 不清洁提单(unclean B/L or foul B/L)

不清洁提单是指承运人收到货物之后,在提单上加注了货物外表状况不良或货物存在缺陷和包装破损的提单。例如,在提单上批注"铁条松失""包装不固""×件损坏"等。但是,并非提单有批注即为不清洁提单。国际航运公会(International Chamber of Shipping)于1951年规定下列3种内容的批注不能视为不清洁:第一,不明确地表示货物或包装不能令人满意,如只批注"旧包装""旧箱""旧桶"等;第二,强调承运人对于货物或包装性质所引起的风险不负责任;第三,否认承运人知悉货物内容、重量、容积、质量或技术规格。这3项内容已被大多数国家和航运组织所接受。在使用信用证支付方式时,银行一般不接受不清洁提单。有时在装船时会发生货损或包装不良,托运人常要求承运人在提单上不作不良批注,而向承运人出具保函(也称赔偿保证书,letter of indemnity),向承运人保证如因货物破损及承运人因签发清洁提单而引起的一切损失,由托运人负责。承运人则给予灵活处理,签发清洁提单,便于在信用证下结汇。对这种保函,有些国家法律和判例并不承认,如美国法律认为这是一种欺骗行为。因此,使用保函时要视具体情况而定。

(三)根据收货人抬头分类

根据收货人抬头,可分为记名提单、不记名提单和指示提单。

1. 记名提单(atraight B/L)

记名提单又称收货人抬头提单,是指在提单的收货人栏内,具体写明了收货人的名称。由于这种提单只能由提单内指定的收货人提货,所以提单不易转让。

2. 不记名提单(open B/L)

不记名提单又称空白提单(blank B/L),是指在提单收货人栏内不填明具体的收货人或指示人的名称而留空的提单。不记名提单的转让不需任何背书手续,仅凭提单交付即可,提单持有者凭提单提货。

3. 指示提单(order B/L)

指示提单是指收货人栏内,只填写"凭指示"(to order)或"凭某人指示"(to order of)字样的一种提单。这种提单通过背书方式可以流通或转让,所以又称可转让提单。

(四)根据运输方式分类

根据运输方式,可分为直达提单、转船提单和联运提单。

1. 直达提单(direct B/L)

直达提单是指轮船装货后,中途不经过转船而直接驶往指定目的港,由承运人签发的提单。

2. 转船提单(transhipment B/L)

转船提单是指货物经由两程以上船舶运输至指定目的港,而由承运人在装运港签发的提单。转船提单内一般注明"在某港转船"的字样。

3. 联运提单(through B/L)

联运提单是指海陆、海空、海河、海海等联运货物,由第一承运人收取全程运费后并负责代办下程运输手续在装运港签发的全程提单。卖方可凭联运提单在当地银行结汇。

转船提单和联运提单虽然包括全程运输,但签发提单的承运人一般都在提单上载明只负责自己直接承运区段发生的货损,只要货物卸离其运输工具,其责任即告终止。

(五)根据提单内容的繁简分类

根据提单内容的繁简,可分为全式提单和略式提单。

1. 全式提单(long form B/L)

全式提单是指大多数情况下使用的既有正面内容,又带有背面提单条款的提单。背面提单条款详细规定了承运人和托运人的权利与义务。

2. 略式提单(short form B/L)

略式提单是指省略提单背面条款的提单。

(六)其他

其他提单类型包括以下几种。

1. 舱面提单(on deck B/L)

舱面提单又称甲板货提单,是指对装在甲板上的货物所签发的提单。在这种提单上一般都有"装舱面"(on deck)字样。舱面货(deck cargo)风险较大,根据《海牙规则》规定,承运人对舱面货的损坏或灭失不负责任。因此,买方和银行一般都不愿意接受舱面提单。但有些货物,如易燃、易爆、剧毒、体积大的货物和活牲畜等必须装在甲板上。在这种情况下,合同和信用证中就应规定"允许货物装在甲板上"的条款,这样舱面提单才可结汇。但采用集装箱运输时,根据《汉堡规则》规定和国际航运中的一般解释,装于舱面的集装箱是"船舱的延伸",与舱内货物处于同等地位。

2. 过期提单(stale B/L)

过期提单是指卖方向当地银行交单结汇的日期与装船开航的日期相距太久,以致银行按正常邮程寄单预计收货人不能在船到达目的港前收到的提单。此外,根据 UCP600 规定,在提单签发日期起 21 天后才向银行提交的提单也属过期提单。

3. 倒签提单(ante dated B/L)

倒签提单是指承运人应托运人的要求,签发提单的日期早于实际装船日期的提单,以符合信用证对装船日期的规定,便于在该信用证下结汇。装船日期的确定主要是通过提单的签发日期证明的。提单日期不仅对买卖双方有着重要作用,而且与银行向收货人提供垫款和向发货人转账、海关办理延长进口许可证、海上货物保险契约的生效等都有密切关系。因此,提单的签发日期必须依据接受货物记录和已装船的大副收据来签发。

在我国的出口业务中,往往在信用证即将到期或不能按期装船时,采用倒签提单。有人认为倒签提单是解决迟期装船的有效方式,用起来特别简便,好像是一种正常签发提单的方式。但是,根据国际贸易惯例和有关国家的法律实践,错填提单日期是一种欺骗行为,是违法的。

4. 预借提单(advanced B/L)

预借提单又称无货提单,是指因信用证规定装运日期和议付日期已到,货物因故未能及时装船,但已被承运人接管,或者已经开装而未装毕,托运人出具保函,要求承运人签发已装船提单。预借提单与倒签提单同属一种性质,为了避免造成损失,尽量不用或少用这两种提单。

小案例

预借提单欺诈

2009年3月,中国A公司(卖方)与中国B公司(买方)签订棉花销售合同。合同约定:货物数量500 t,每吨人民币17 800元,总金额人民币8 900 000元,交货日期为2009年6月30日;卖方清关后买方到港口自提;交货后先付90%,余款待买方验收后一次付清;延期供货买方可拒收货物或按交货当时的市场价协商处理(参照全国棉花交易市场价格),买方未按时付款,须向卖方支付每天3‰的滞纳金。上述合同签订后,中国A公司委托中国C公司作为外贸代理人与美国D公司签订500 t棉花进口合同。中国C公司对外开立的、经修改的信用证载明货物最晚装船期限为2009年5月20日。涉案货物由E船公司负责运输,提单记载:收货人凭指示,接货地为美国内陆城市孟非斯,装运港为美国萨凡那港,目的港为天津港,运输船舶为"金星"轮104W航次,货物数量为22个集装箱,提单签发日期为2009年5月16日,提单记载的装船日期为2009年5月16日,提单正面左下角还载明"如接收货物的地点为一个内陆地点并在此列明,则本提单上任何在船、已装船、已装载船上及与此相类似的词语所表达的概念,应被认为是已装上从接货地点到装船港之间承担运输任务的卡车、火车、飞机或其他内陆运输工具(具体视情况而定)"。实际上,D公司未能按照合同约定及时备妥全部货物装载于"金星"轮,只能分批装运货物,因此,只有10个集装箱的货物装载于"金星"轮第104W航次。该10个集装箱货物于2009年6月19日运抵天津港,其余12个集装箱货物(245吨)被E船公司装载于其他船舶,于2009年7月12日运抵天津港。两批货物进口报关单均记载经营单位为中国C公司,收货单位为中国A公司。中国A公司收到上述货物后分别交付给货物买方中国B公司。因后12个集装箱货物的交付时间超过了中国A公司和中国B公司合同约定的交货期限(2009年6月30日),双方于2009年8月2日达成协议,根据合同约定参照全国棉花交易市场价格,将该12个集装箱货物的价格调整为每吨人民币12 000元,前10个集装箱货物价格不变;双方同意将上述价格调整作为中国A公司对延期交付货物造成中国B公司损失的最终解决方案。中国A公司因此损失货款人民币1 421 000元。

5. 电子提单(electronic B/L)

电子提单是通过EDI技术将纸面提单的全部内容与条款以电子数据交换系统进行传送的有关海上货物运输合同证明的电子数据。电子提单不是书面单证,而是显示在计算机屏幕上的一系列结构化了的电子数据。有关各方,包括卖方、发货人或托运人、银行、商品检验检疫机构、保险公司、港口、买方和收货人,都以承运人为中心,通过专有计算机密码完成在货物运输过程中的货物交付和所有权的转让。采取电子收货人提货,不需要出示任何书面文件,只要出示身份证明,由船舶代理验明即可。

6. 货运代理提单(house B/L)

货运代理提单是货运代理人签发的提单。它只是运输代理人收到托运货物的收据,而不是可以转让的物权凭证,因此银行一般不接受这种提单,除非信用证另有授权,银行将只接受运输代理人出具的表面上载有以下两项注明之一的运输单据:作为承运人或多式运输经营人的运输行的名称并由其签署;承运人或多式运输经营人的运输行的名称,并由作为承运人或多式运输经营人的运输行的具名代理人的运输行签署。

四、海运提单的签发

1. 正常签发

发货人或货运代理凭场站收据,与船公司或其船代理结清运费及其他费用后换取提单。在实际业务中,船公司或其船代理在正式签发提单之前,一般要将提单传真给货运代理或发货人确认后,再正式签发提单。提单的签发包括提单的签发人、签发地点、日期及份数。

2. 非正常签发

(1) 电放

“电放”即“电报放货”,是船公司或代理凭发货人出具的保函正本,以电报方式通知其在目的港的分支机构或代理,凭船公司的放货电报直接向收货人放货。这样发货人在向船公司办理海运手续时,申请电放并且出具电放保函,船公司就不用出具正本提单,只给复印件,出口人把提单复印件传真给目的港的收货人,收货人只凭借传真复印件就可以提取货物,而不需要正本提单。

(2) 凭保函签发清洁提单

如果发货人要求签发清洁提单,船公司或其船代理视具体情况决定是否接受发货人的要求。如果接受发货人的申请,则应要求发货人出具正本清洁保函,并承诺由其承担由此产生的一切责任和损失。

(3) 凭保函签发倒签提单

如果发货人要求倒签提单,船公司或其代理可以接受发货人的申请。但应要求发货人提供正本的倒签保函,船公司或代理凭此保函签发倒签提单。

小案例

提单倒签保函

致:船公司或其船代理

现在我们请求你们签发下面所列的有关提单。

船名/航次：　　　　　　　提单号：
货名：
装货港：　　　　　　　　卸货港：
预计装船日：　　　　　　倒签到：

在以下货物实际装船以前，我们要求倒签提单。

鉴于你们同意了我们的上述请求，在此我做如下承诺。

1. 由于是按照我们的请求签发上述提单，所以对于贵司、贵司雇员及代理由此可能承担的责任、蒙受任何形式的损失和损害，我公司将给予赔偿，并保证你们不受任何损失。

2. 如果由于我们的请求，贵司、贵司雇员或代理受到任何起诉，我司将随时向你们提供足够的资金以对抗该起诉。

3. 如果贵司所有的该船期、其他任何船舶或财产由此而受到扣留或者扣押或受到某种威胁，我们在被请求时，将提供保释金或者其他担保以解除对该船舶或财产的扣留或者扣押。

4. 一旦发生索赔，我们将完全不涉及贵司而直接与索赔人解决该项索赔，并且承担你们所支付任何款项或所发生的任何费用。

5. 该保函应当由中国法律解释。

发货人签章/签字：

年　月　日

电放保函

致：船公司或其船代理

兹有如下经由贵公司代理船舶排载的货物。

船名/航次：__________提单号：__________货名：__________

装货港：__________柜量：__________集装箱号/箱封号：__________

我们兹授权贵司对上述集装箱/货物进行电放，贵司可将集装箱交付给收货人。

地址/传真/联系人：____________________

我们在此保证承担贵司、贵司的委托方及其代理因电放上述集装箱/货物而承担的任何责任和后果。

货代：（公章）　　　　　　　　　　托运人：（公章）

年　月　日　　　　　　　　　　年　月　日

五、海运提单的背书

在实际业务中，为了方便收货人，海运提单经常被要求做成指示性的。对于指示性提单，只有在指示人进行背书后，提单方能正常使用。常用的背书方法有记名背书、指示背书、选择不记名背书和空白背书（不记名背书）4种。

① 记名背书。记名背书也称完全背书，是背书人（转让人）在提单背书写明被背书人（受让人）的姓名，并由背书人签名的背书形式。

② 指示背书。指示背书是背书人在提单背面写明“指示”或“××指示”字样,并不写明特定受让人,由背书人签名的背书形式。

③ 选择不记名背书。这种背书形式是背书人在提单背面既特指某一受让人,又指明可以以提单持有人作为受让人,即以“××或持有人”形式表示受让人,并由背书人签名的背书形式。

④ 空白背书。空白背书是指在提单背书中不记载任何受让人,只由背书人签名的背书形式。

如果所签发的提单是托运人指示提单,即提单的收货人一栏为 to order 或 to order of shipper,则应以托运人为第一背书人;如果是记名背书,托运人除在提单背面签字盖章外还需将受让人的名称写在提单背面的某个位置,将来收货人在写明自己名称的位置上盖章并签字;如果是空白背书,则托运人只在提单背面签字盖章即可;如果所签发的提单是开证行指示提单,即收货人一栏是 to order of issuing bank,则应以开证行为第一背书人。

我们通常常用的背书形式是空白背书,因为空白背书对提单权益的受让人不做限制,便于开证行或收货人按照实际业务情况选择是否将提单权益转让给其他人。

六、海运提单缮制

海运提单的格式各船公司不尽相同,但其具体的内容和项目基本一致。通常海运提单包括正面和背面条款,但由于背面条款的内容通常是提前印制的固定条款,故发货人仅对提单正面的条款进行说明。在下面的内容中,我们只对海运提单正面的内容做详尽的介绍。海运提单的格式如图 2－3 所示。

1. 提单号码(B/L No.)

提单上必须注明承运人及其代理人规定的提单编号以便核查,否则提单无效。

2. 托运人(shipper)

根据信用证的受益人,可按信用证规定的受益人名称及地址照填。

如果信用证未规定受益人的地址,提单可不填地址,以确保单证相符。托运方式下的提单发货人,可以按合同规定的卖方为发货人。

根据 UCP600 规定,如果信用证无其他规定,提单可以第三方作为托运人。此时,受益人可能是中间商,而第三方才是实际出口人。

3. 收货人(consignee)与背书(endorsement)

提单收货人又称抬头人,与托运单收货人栏目的填写完全一致。

提单的抬头决定了海运提单的性质和货权的归属。在进出口贸易中,多使用指示式抬头,以便单据可以通过背书转让。

① 指示抬头。指示抬头也称空白抬头,即在提单收货人栏内填写 to order 或 order(凭指示)。这种提单必须经托运人背书后转让。例如,来证规定“... made out to order and endorsed to ABC bank...”,则提单收货人的填写及背书手续如图 2－4 所示。

<table>
<tr><td colspan="3">Shipper
SHUNCHANG IMP. AND EXP. CO. LTD
NO. 778, ZHONGSHANRD. MINHANG
DISTRICT, SHANGHAI, CHINA</td><td colspan="3" rowspan="3">B/L No. 5841SKG-120
COSCO
BILL OF LADING
ORIGINAL</td></tr>
<tr><td colspan="3">Consignee
TO ORDER OF SHIPPER</td></tr>
<tr><td colspan="3">Notify Party
MATUSUDA IMPORT&EXPORT CO. LTD
2499, EDO-MACH1, CHUO-KU KOBE JAPAN</td></tr>
<tr><td>Pre-carriage by</td><td colspan="2">Place of Receipt</td><td colspan="3"></td></tr>
<tr><td>Ocean Vessel Voy No.
NANJINV. 880</td><td colspan="2">Port of Loading
SHANGHAI</td><td colspan="3"></td></tr>
<tr><td>Port of Discharge
KOBE</td><td colspan="2">Place of Delivery</td><td colspan="3">Final Destination</td></tr>
<tr><td>Marks & Nos
container Seal No.
Packages
MATUSUDA
JSHAO34
KOBE
C/NO. 1—488
Container No: CATU0506119</td><td>No. of
Containers or

488CARTONS</td><td colspan="2">Kind of Packages and
Description of Goods
100% COTTON MAN'S SHIRT
"FREIGHT PREPAID"</td><td>Gross Weight
6588KGS</td><td>Measurement
25. 15CBM</td></tr>
<tr><td colspan="6">Total No. of Containers or Packages (in words): Say FOUR HUNDRED AND EIGHTY EIGHT CARTONS ONLY</td></tr>
<tr><td>Freight and Charges</td><td>Revenue Tons</td><td>Rate</td><td>Per</td><td>Prepaid</td><td>Collect</td></tr>
<tr><td>Ex Rate</td><td>Prepaid at
SHANGHAI</td><td colspan="2">Payable at</td><td colspan="2">Place and date of issue
SHANGHAI, APR 23, 2010</td></tr>
<tr><td></td><td>Total prepaid</td><td colspan="2">No. of original B(S)/L
THREE(3)</td><td colspan="2">Signed for the Carrier</td></tr>
<tr><td></td><td></td><td></td><td></td><td></td><td></td></tr>
</table>

图 2-3　海运提单

提单收货人栏内填写：to Order

提单背面由托运人做记名背书：Deliver to ABC bank

for LC Co.

×××　　(托运人签章)

图 2-4　指示抬头的填写

② 凭×××指示抬头。凭×××指示抬头也称空白抬头，即在提单收货人栏内填写 to order of(凭×××指示)。这种提单必须由收货人栏中的指定人做背书后方可转让。

例如，来证规定"... made out to our order and endorsed in blank... "，则提单收货人的填写及背书手续如图 2-5 所示(设开证行为 ABC bank)。

提单收货人栏内填写:to Order of ABC bank
提单背面由 ABC 银行做空白背书,即银行签章即可

图 2-5 凭×××指示抬头的填写

在实践中,由于提单是一种可以转让的货权,所以议付行一般都要求发货人提交提单前先做空白背书。

4. 被通知人(notify party,notify,addressed to)

被通知人通常是进口人或其在目的港的代理人,货到目的港时由承运人通知其办理报关、提货等手续。本栏目的填写与托运单相同栏目的内容一致。

① 信用证方式下,应该按信用证规定填制。例如,来证规定"Full set of B/L... notify applicant",就应在本栏目中将开证申请人的全称及地址填上。

② 信用证未明确规定被通知人时,则正本提单中本栏目不填写,但必须在提单空白处填写开证申请人的名称和地址。这样,既能符合信用证的要求,做到单证相符,又能满足承运人及某些进口国对运输或进口方面的要求。

5. 前段运输(pre-carriage by)

如果货物需要转运,则应填写收货的港口名称或地点;如果货物不需要转运,则保持空白。

6. 收货地点(place of receipt)

如果货物需要转运,则应填写收货的港口名称或地点;如果货物不需要转运,则保持空白。

7. 海运船名(ocean vessel)

根据该批货物实际装运的船名填写,如"S. S. Paul Rickmers"。联运方式下,本栏应注明其中海运的船名和航次号。如果第一程运输并非海运方式,承运人在签发提单时通常在船名前加注"预期"字样。这意味着货物拟装这条船,但实际是否装该船是不确定的,所以已装船批注必须注明实际载货船名,以便买卖双方和银行掌握货物的下落。

8. 装运港(port of loading)

① 应按照信用证规定填写。如果信用证只笼统地规定为 Chinese port,制单时应该按照实际情况填写具体的港口名称,如 Shenzhen;如果来证同时列明几个装货港口,如 Hong Kong/Qinhuangdao,则提单只能填写其中一个实际装运的港口名称。

② 托收方式下,应该按照合同规定填写。

9. 卸货港(port of discharge)

卸货港是指海运承运人终止承运责任的港口,即目的港。

① 除了 FOB 价格条件外,卸货港不能填笼统的名称,如 European main ports,而必须列出具体的港口名称。

② 经转船时,应该在卸货港名称之后加上转船港名称,如 Rotterdam W/T at HongKong,或者在货名栏下方的空白处加注转船的说明。如果有印就的转船港栏目,则直接填入转船港名称即可。

③ 货运卸货港后需经内陆转运至邻国的，应该在填写卸货港名称后另在货名栏下方的空白处或在唛头中加注 In transit to × × ×，切不能在卸货港名称后填写，以说明卖方只负责将货物运至该卸货港，以后的转运由买方负担。

例如，来证规定 Marseilles in transit to Geneva，则卸货港填写 Marseilles，货名栏下方空白处加列 Marseilles in transit to Feneva，或者在唛头中显示。

④ 海运运往美国的货物，往往在目的港卸货后，还要转运到内陆的城市，因此来证除了规定目的港外，往往还要注明"陆上共同点"（Overland Common Point，OCP）字样。美国把北起北达科他州南至新墨西哥州直到东部沿海均划为 OCP 地区。凡从太平洋彼岸的货物经美国西岸各港向东运往 OCP 地区的铁路运费率均较本地费率低，如"旧金山，陆上共同点，雷诺市"（San Francisco OCP Reno），意为"运到目的港旧金山陆上共同点，然后集中转运到雷诺"。如果漏填"陆上共同点"（OCP），则货物运到旧金山后，就会只卸在码头而不集中到"陆上共同点"去，由此产生的费用就可能转嫁给出口公司方面。

⑤ 如果信用证规定目的港处有"自由区"（free zone）、"自由港"（free port）以使进口商享受关税减免的优惠待遇，则提单此栏内应该照写，如"塞德港自由区"（port said free zone）。

10. 交货地点（Place of Delivery）

交货地点栏填写最终目的地名称。如果货物目的地是目的港的话，这一栏可保持空白。

11. 运费支付地（Freight Payable at）

对于运费支付地，如果采用 CFR、CIF 价格，可以填写装运地名；如果采用 FOB 价格，应填写目的地地名或填"目的地"（destination）、freight to collect 字样。

12. 正本提单份数（number of original B/L）

收货人应凭正本提单提货。正本提单的份数应该按信用证的要求，在本栏目内用大写（如 THREE 等）注明。每份正本提单的效力相同，凭其中一份提货后，其余各份失效。下面是信用证对正副本提单要求的一些规定。

① full set of B/L（指全套提单，按惯例提供 3 份正本交银行议付）。

② full set less one copy on board B/L（指全套提单，至少一份正本）。

③ 2/3 original clean on board B/L（3 份正本，2 份交银行议付）。

④ full set of B/L in triplicate with two non - negotiable B/L（3 份正本，2 份副本）。

13. 唛头和号码（marks and numbers）

唛头是提单与实际货物的主要联系要素，也是收货人提货的重要依据。因此，提单上的唛头必须与实际货物及其他单据保持一致，如果信用证有规定，也应该与信用证完全一致，否则就会影响日后的提货和办理结算。提单上必须具体标识出唛头。

14. 件数和包装种类（number and kind of packages）

如果采用托盘或集装箱装货，而内装的又是单件运输包装货，则除了写明托盘或集装箱数量外，还需写明实际件数。例如，"5 个托盘，内装 50 纸箱"[5 pallets（50 cartons）]，或者"2 个集装箱，内装 400 纸箱"[2 containers（400 cartons）]。

15. 货名（description of goods）

货名是实际货物名称，不仅要与信用证规定的品名一致，而且要与其他单据上的货物名称一致。如果货物描述品种繁多,货名十分琐碎,则不必详列货名,只需列出货物名称即可。UCP600 第 14 条(e)款规定:“商业发票中的货物描述必须与信用证规定相符,其他一切单据则可使用货物统称,但不得与信用证规定的货物描述有抵触。”

16. 毛重和尺码(gross weight and measurement)

提单应该列明毛重和尺码,毛重和尺码应与发票、装箱单或质量单相符。

① 如果无特别规定,提单上填毛重不填净重。一般以千克为单位,千克以下按四舍五入处理。

② 如果没有毛重只有净重,应先加注 Net Weight 或“N. W.”,再列明具体的净重数量。

③ 尺码以立方米计算,立方米以下保留小数点后 3 位数。

17. 运费和费用(freight and charges)

除非有特别规定,本栏只填列运费的支付情况,不填具体金额。

① 以 CIF 或 CFR 等价格条件成交时,运费在签发提单之前支付,本栏目应该注明 Freight to paid(运费已付)或“Freight prepaid”(运费预付)。

② 以 FOB 或 FAS 等价格条件成交时,运费在目的港支付,本栏目应注明 Freight to collect(运费待付)或 Freight payable at destination(运费目的港支付)。

③ 全程租船运输时,本栏目应注明 As arranged(按约定)或 Freight payable as per charter party(运费按租船合约支付)。

18. 签单和日期(date and place of issue)

签发提单的日期不是接收货物开始装船的日期,而是货物装船完毕的日期。依据 UCP600 的规定,从已装船的提单签发日起即视为装船日期和装运日期。如果是备运提单,要成为已装船提单就必须盖两个章。其中,右下角的章为已签发章,签发日期为承运人收受货物的日期;左下角的章为已装船确认章,日期为已装船日期,此时在印章旁边还应该有已装船批注或在已装船栏中加注已装船日期。签发提单的地点应是承运人接管货物或装船的地点,但也可能不一致。例如,货物在青岛新港装船,而提单却在天津签发。

19. 签署(signature)

以往,对于正本海运提单,一般只查看是否有签字盖章,而不管签字者的身份如何;现在,根据 UCP600 第 19 条规定:“……承运人或船长的任何签字或证实,必须明确‘承运人’或‘船长’的身份。代理人代理承运人或船长签字时,也必须标有所代表的委托人的名称和身份,即注明代理人是代表承运人或者船长签字或证实的……”也就是说,银行将拒绝接受没有承运人名称及其身份的提单。

签字分为两种:一种格式是船长或船公司签字 + as carrier;另一种格式是船舶公司或装货港的代理人 + as agent of carrier + 船舶公司名称。

20. 大副收据、提单批注

船方应严格监装并如实批注大副收据,船长应根据大副收据签发提单,同时应将货物表面状况如实记载在大副收据上。如果租船人要求凭保函签发清洁提单,因原则上不属于船长的职责,需要船长立即报告公司并按照公司指示办理。

在实际业务中,海运提单是由船舶公司或者船舶公司的代理依据发货人或发货人的货运代理提供的装货单(俗称下货纸)制作的。因此,作为发货人或货运代理人,除了掌握装货单的制作,更应该掌握如何审核提单的内容,并判断提单是否符合信用证或合同的要求,为提单的确认打下良好的基础。

知识链接

货代提单和船东提单

货代提单通常被称作 House B/L,简称 HBL;船东提单通常被称作 Master B/L,简称 MBL。

1. HBL 与 MBL 的操作流程

① 发货人把托运单传给货运代理,写明整箱还是拼箱。

② 货运代理向船公司定舱,待货物装船后,船公司签发 MBL 给货代。MBL 的发货人是起运港的货代,收货人一般是货代在目的港的分公司或代理人。

③ 货代签发 HBL 给发货人。货代提单上的 shipper 是真正的货主。

④ 船公司将货物运达目的港。

⑤ 货代将 MBL 邮寄到目的港的分公司。

⑥ 发货人拿到提单后,在交单期之内向国内议付行交单、结汇。

⑦ 议付行拿全套单据向开证行结汇。

⑧ 收货人向开证行付款赎单。

⑨ 货代拿着 MBL 向船公司换单提货、清关。

⑩ 收货人拿着 HBL 向货代提货。

2. HBL 和 MBL 的区别

① HBL 是货代签发的提单,不能作为提货凭证;而 MBL 是船东签发的提单,可以据此提货。

② 不管是运费到付还是预付,货代都可以将 HBL 给发货人;而在 MBL 中,如果是运费到付,船公司要控制货物,一般不将提单给发货人,但运费预付的情况下可以给发货人。

③ HBL 的抬头一般是货代公司,也是由货代公司签字;而 MBL 的抬头是船公司,也需要由船公司或船公司授权的船代签字。

④ 收货人在提货时,要用 HBL 换取 MBL 才能提到货物。

课后训练

根据以下信息完成海运提单的缮制。

信用证

27:[Sequence of Total]1/1

40A:[Form of Documentary Credit]Irrevocable

20:[Documentary Credit]M4323102NU00876

31C:[Date of Issue]130425

40E:[Applicable Rules]UCP latest version

31D:[Date and Place of Expiry]130615 in China

51D:[Applicant Bank]

Shinhan Bank

Daehan Plaza, Seoul, Korea

50:[Applicant]

Samyung Trading Co., Ltd.,

18 Victory Road, Sonnan Dong, Kangnam Ku

Seoul, Korea

59:[Beneficiary]

Tianjin Zhixue Trading Co., Ltd.

No. 8, Yashen Road,

Jinnan District, Tianjin 300350, P. R. China

32B:[Currency Code Amount]USD79200. 00

41D:[Available With... By...]Any bank In China by negotiation

42C:[Drafts at...]60 days after sight

42D:[Drawee]SHBKUS33XXX, Shinhan Bank, Seoul, Korea

43P:[Partial Shipments]Not allowed

43T:[Transshipment]Not allowed

44E:[Port of Loading/Airport of Departure]Xingang China

44F:[Port of Discharge/Airport of Destination]Busan Korea

44C:[Latest Date of Shipment]130531

45A:[Description of Goods and/or Services]

9600 pcs of 100% cotton Men's T-shirt at unit price of USD8. 25 CIF Busan by sea loaded in 1x20' Full Container Load.

46A:[Documents Required]

1. Signed original commercial invoices in triplicate, certifying that the goods are of China origin.
2. Full set of clean shipped on board ocean bills of lading made out to order marked freight prepaid and notify applicant.
3. Full set of insurance policy endorsed in blank for 110% of the commercial invoice value, with claims payable in Korea in the currency of draft, covering the PICC all risks and war risks clause.
4. Detailed packing list in triplicate.

47A:[Additional Conditions]

A) Invoice exceeding this credit amount is not acceptable.

B) All documents must show the documentary credit number and issuance date.

C) If discrepant documents are presented an amount of USD 70/ -
would be deducted out of proceeds being discrepancy handling fee.

71B:[Charges]

All bank charges outside the country of issuance of the credit including advising, negotation and
reimbursement are on beneficiary account.

48:[Period for Presentation]

Within 15 days after b/l date (but within the validity of this credit.)

49:[Confirmation Instructions] Without

72:[Sender to Receiver Information]

This credit is subject to the Uniform customs and practice for Documentary credit (2007 Revision) international chamber of commerce publication no. 600.

PACKING LIST

TIANJIN ZHIXUE TRADING CO.,LTD.

No. TJ13 - 3002

Tianjin May 5,2013

To: M/S. Samyung Trading Co.,Ltd.,18 Victory Road,Sonnan Dong,Kangnam Ku Seoul,Korea

Shipping Marks	Description of goods
	400 cartons = 9600 pcs Net of: -
N/M	100% cotton men's T-shirt

Packing: each one in plastic bag and 24pcs in one carton

Carton details:

Measurement: @45 × 40 × 35cm	TOTAL: 25.2m3
Gross Weight: @9kgs	TOTAL: 3600kgs

Documentary Credit No. M4323102NU00876 dated 130425

注:船名、航次、提单号由任课教师给定或自拟。

海运提单

1. Shipper Insert Name, Address and Phone		B/L No.
		中远集装箱运输有限公司 COSCO CONTAINER LINES TLX:33057 COSCO CN FAX: +86(021) 6545 8984 ORIGINAL
2. Consignee Insert Name, Address and Phone		
		Port-to-Port or Combined Transport BILL OF LADING RECEIVED in external apparent good order and condition except as other-Wise noted. The total number of packages or unites stuffed in the container, the description of the goods and the weights shown in this Bill of Lading are furnished by the Merchants, and which the carrier has no reasonable means of checking and is not a part of this Bill of Lading contract. The carrier has Issued the number of Bills of Lading stated below, all of this tenor and date, One of the original Bills of Lading must be surrendered and endorsed or signed against the delivery of the shipment and whereupon any other original Bills of Lading shall be void. The Merchants agree to be bound by the terms and conditions of this Bill of Lading as if each had personally signed this Bill of Lading. SEE clause 4 on the back of this Bill of Lading (Terms continued on the back hereof, please read carefully). * Applicable Only When Document Used as a Combined Transport Bill of Lading.
3. Notify Party Insert Name, Address and Phone (It is agreed that no responsibility shall attach to the Carrier or his agents for failure to notify)		
4. Combined Transport * Pre-carriage by	5. Combined Transport * Place of Receipt	
6. Ocean Vessel Voy. No.	7. Port of Loading	
8. Port of Discharge	9. Combined Transport * Place of Delivery	

Marks & Nos Container / Seal No.	No. of Containers or Packages	Description of Goods (If Dangerous Goods, See Clause 20)	Gross Weight Kgs	Measurement

（续图）

		Description of Contents for Shipper's Use Only (Not part of This B/L Contract)			
10. Total Number of containers and/or packages (in words)					
Subject to Clause 7 Limitation					
11. Freight & Charges	Revenue Tons	Rate	Per	Prepaid	Collect
Ex. Rate:	Prepaid at	Payable at	Place and date of issue		
	Total Prepaid	No. of Original B(s)/L	Signed for the Carrier, COSCO CONTAINER LINES		
LADEN ON BOARD THE VESSEL					
DATE	BY	THE AGENT OF THE CARRIER			

项目三
港口集装箱集疏运体系

知识目标

1. 了解港口集疏运的概念。
2. 掌握公路集疏运的发展过程。

能力目标

1. 能根据进出口货运订舱信息简单描述货物在港口的集疏运过程。
2. 能够掌握国内外公路集疏运体系的差别。

一、港口集疏运系统的概念

港口集疏运是各种运输方式与港口相互衔接,形成集中和疏散港口吞吐货物的交通运输系统。它由水运、铁路、公路、城市道路、管道及相应的站场组成,为货物完成全程运输提供重要的基础设施和衔接场所,是港口与广大腹地相互联系的通道。任何现代化港口都必须具有完善和畅通的集疏运系统,才能成为综合交通运输网中重要的水陆交通枢纽。

各港口集疏运输系统的具体特征,如集疏运线路数量、运输方式构成和地理分布等主要取决于各港口与腹地运输联系的规模、方向、运距及货种结构。一般与腹地运输联系规模大、方向多、运距长或较长,以及货种较复杂多样的港口,其集疏运系统的线路往往较多,运输方式结构与分布格局也较复杂,反之亦然。由于各港口的实际情况十分复杂、互不相同,故其集疏运系统的具体特征也不同。从发展趋势看,一般大型或较大型港口的集疏运系统,均应因地制宜地向多通路、多方向和多种运输方式方向发展。

二、国外港口集疏运的发展现状

从国外港口集疏运发展演变来看,虽然在过去的40多年中各国各地区的港口集疏运结构演变各有特点,但是这些港口在集疏运结构调整过程中都有一个共同点,就是公路集疏运占比不断加大。

公路集疏运方式的过度发展带来一系列问题,集中体现在港口集疏港道路交通拥堵带来的效率问题和公路运输污染较大带来的环境问题。为了应对单一的发展公路集疏运所带来的效率问题和环境问题,国外许多港口已经或正在寻求变化。从变化发展方向看,不同国家、不同地区的港口都存在着一个共同点,就是加大铁路、水路集疏运比重,发展海铁联运和海河联运，引导港口集疏运方式朝多样化、均匀化方向发展。例如，美国纽约—新泽西港的PIDN规划就是通过增加近洋驳船集疏运和铁路集疏运比重来缓解公路集疏运压力过大带来的日益严峻的环境问题(见图3－1)；洛杉矶—长滩港则将增加铁路集疏运比重作为一项重要内容纳入其“绿色港口”规划。

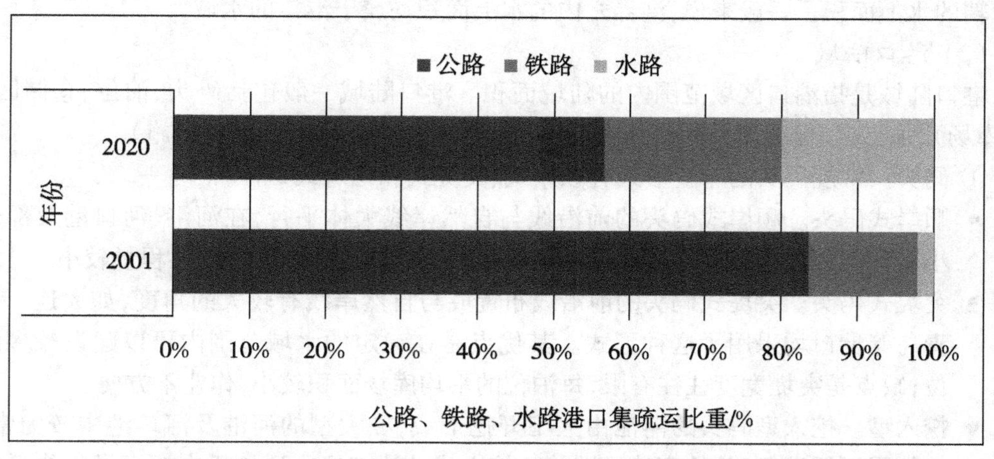

图3－1　纽约—新泽西港PIDN实施前后集疏运结构的变化

三、我国港口集疏运系统发展现状

我国港口集疏运系统发展的现状是：基础设施体系逐步完善，国有港口企业是我国港口行业的发展主体；港口集疏运网络体系建设不断推进；港口企业积极开展内陆“无水港”建设，密切了港口和内陆腹地之间的联系。当然，在发展中还存在一些问题。例如：港口集疏运体系结构不平衡，铁路、水路比例偏低；港口多式联运发展相对滞后；港口集疏运基础设施投融资机制不明确，港口企业承担资金压力较大。

四、港口集疏运体系的构成

港口集疏运体系主要包括港口码头、港口腹地、集疏运工具和集疏运节点等。

(一) 港口码头

1. 港口的概念

港口是指位于江边、河岸、湖滨、海湾或水库沿岸，具有一定使用面积的水域和陆域，提供一定的设备和条件，供船舶航行、停泊、修理、补给淡水和燃料，提供货物包装、装卸、堆存、转运、加工及旅客上下和办理其他业务活动的场所或基地。

2. 港域范围

所谓港域，是指包括在港界范围内的由水域和陆域两部分组成的区域，是由水上设施和陆上设施构成的运输综合体所占据的空间范围。而港界是划定港域范围的界线，一般利用海岛、岬角、河岸突出部分、岸上显著建筑物,或者设置灯标、灯桩、浮筒等作为划定港界的标志,或者按经纬度划定港界。

(1) 港口水域

港口水上区域所占的面积称为港口水域。港口水域是来往船舶停靠作业所需要的由港口管辖的水上面积。一般来说,港界之内的水上面积均属于港口的水域。

(2) 港口陆域

港口陆域是指港口区域范围内的陆域面积。港口陆域一般包括码头、泊位、仓储区(仓库、库场)、加工区、保税区及其他陆上设施(道路、装卸设备和其他辅助设施)。

① 码头。常规码头的布置形式有顺岸式、突堤式和挖入式 3 种。

- 顺岸式码头。顺岸式码头的前沿线与自然岸线大体平行,在河港、河口港及部分中小型海港中较为常用。其优点是陆域宽阔、疏远交通布置方便,工程量较小。
- 突堤式码头。突堤式码头的前沿线布置成与自然岸线有较大的角度,如大连、天津、青岛等港口均采用了这种形式。其优点是在一定的水域范围内可以建设较多的泊位;缺点是突堤宽度往往有限,每泊位的平均库场面积较小,作业不方便。
- 挖入型。挖入型码头的港池由人工开挖形成,在大型的河港及河口港中较为常见,如德国汉堡港、荷兰的鹿特丹港等。挖入式港池布置也适用于在泻湖及沿岸低洼地建港,利用挖方填筑陆域。

② 泊位。泊位是指在港内为了进行装卸,给船舶停泊靠岸,并有一定长度岸臂线的地方。泊位的长度和水深要求随停泊船舶的大小而不同。

③ 码头前沿。码头前沿是指沿码头岸壁线堆场之前的码头面积,是进出口货物进行换装的主要地。

④ 堆场。堆场分为前方堆场和后方堆场。以集装箱堆场为例,集装箱前方堆场是指在集装箱码头前方,为加速船舶装卸作业,暂时堆放集装箱的场地。其作用是:当集装箱船到港前,有计划有次序地按积载要求将出口集装箱整齐地集中堆放,卸船时将进口集装箱暂时堆放在码头前方,以加速船舶装卸作业。而集装箱后方堆场是集装箱重箱或空箱进行交接、保管和堆存的场所,是集装箱运输"场到场"交接方式的整箱货办理交接的场所。

⑤ 集装箱货运站(CFS)。集装箱货运站是用于装拆箱作业的场所,不是用于保管货物的场所。它一般建于码头后方,侧面靠近码头外公路或铁路的区域。这样可以尽可能地保证陆运车辆不必进入码头堆场内,而直接进入货运站。

⑥ 检查桥(闸口)。检查桥是区别码头内外的一个责任分界点。检查桥不但要检查集装箱的有关单证,而且还要对集装箱的有关箱号、铅封号及外表状况等进行检查。

⑦ 控制室。控制室是集装箱码头各项作业的指挥调度中心。它监督、调整和指挥集装箱码头作业计划的执行,是集装箱作业的中枢机构。

(二) 港口腹地

1. 港口腹地的概念

港口腹地也称为港口经济腹地,是指港口集散旅客、货物所及的范围,是那些有物资(或旅客)经过某港运输的地区。如图 3-2 所示,A 地区的货物经 P 港到 Q 港至 B 地区,A 地区是P港的腹地,也称为后方腹地,B地区称为P港的前方腹地。一般腹地均指前者。前方腹地是一个广义的概念,在港口规划中要注意到主要航线的他端港口的营运和限制条件,以便掌握可能的发展趋势。世界上港口之间有着息息相关的协作关系,在本港装上的货物,要在另一港口卸下来,所以这里借用前方腹地的概念,以引起在规划工作中注意研究他端港的条件。

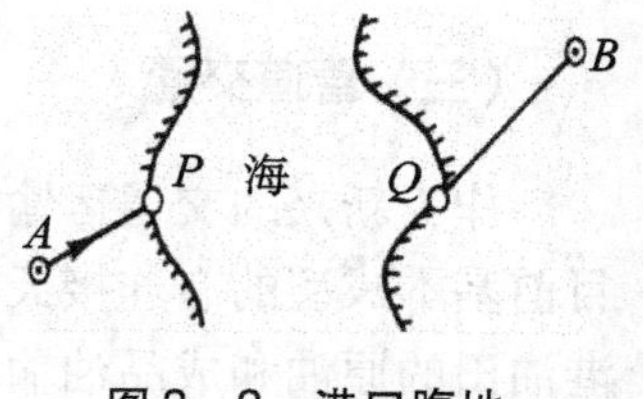

图3-2　港口腹地

2. 港口腹地的分类

(1) 直接腹地和间接腹地

直接腹地是指通过运输工具可以直达的地区范围;间接腹地又叫中转腹地,是指由港口吞吐并经另一地点中转的货物和旅客所到达的地区范围。

(2) 陆向腹地和海向腹地

陆向腹地也称为背负型腹地,主要以内地为其腹地,腹地直接位于港口陆上交通的后方;海向腹地也称为外向腹地,这种腹地不在城市交通的后方,而是面向海外呈扇形拓展的腹地。

对大的海港或河口港来说,因为同时面向海外和内陆,有两个扇面,所示具有双向腹地——既有陆向腹地也有海向腹地。

五、天津港集疏运体系

天津港不仅是京津地区和华北、西北等地区重要的航运交通枢纽支点,同时也是重要的铁路、公路、管道等其他重要交通枢纽点,目前天津港已经形成了具有一定规模的现代化立体交通集疏运系统。

(一) 铁路交通

天津汇集着京津、京沪、京哈这3条重要的铁路干线:京津线连接着北京,并通过北京辐射华北、西北等广大经济腹地;京沪线连接着南方最发达的国际化金融都市——上海,并且通过上海辐射国内最具有活力的长三角经济带;京哈线连接着哈尔滨,并借助哈尔滨辐射整个东北三省,在国家提出振兴东北老工业基地政策的鼓舞下,天津港借助京哈线也必将从中获益匪浅。此外,天津还外接连接全国铁路联网的京九、石太、京广、京包、京承、京通、石德、京沱、兰新、包兰、陇海等干线。通过这些密集的铁路干线和支线,天津已经南达华南、华东等地,北抵北京、东北和内蒙古等地,西连我国广阔的西部、西北部内陆地区等地,同时借助亚欧大陆桥,进而连通俄罗斯、蒙古及欧洲等各个国家。

(二) 公路交通

天津港位于京津城市带和环渤海经济圈的交汇点上,距北京160 km,距天津56 km。海滨大道、京津高速公路、京津高速公路二线、津滨高速公路、津塘公路、津晋高速公路、唐津高速公路及外围的高速公路网络为天津港客货运输构建了极为便捷的公路运输条件;津滨轻轨与京津城际、津秦客运专线接驳,使港区与京、津城区及环渤海城市群间的交通更加便捷。

（三）管道交通

作为新兴的交通运输模式，天津在管道交通运输方面也投入了大量人力物力进行建设，目前基本成型的有连接天津和北京的航空煤油管道线；连接大港和天津石化的管道线，将大港油田的原油和成品油输送到天津石化的储油罐，同时可通过天津至沧州的石油管道线，将天津石化的原油和成品油与中石化的原油管道网相连。

六、集装箱码头集疏运过程

集装箱码头的集疏运过程可分为“集”与“疏”两大方面。“集”的过程如图 3－3 所示，“疏”的过程如图 3－4 所示。

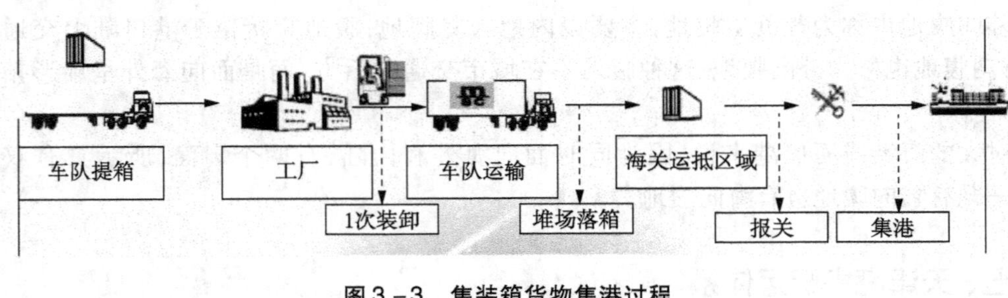

图 3－3　集装箱货物集港过程

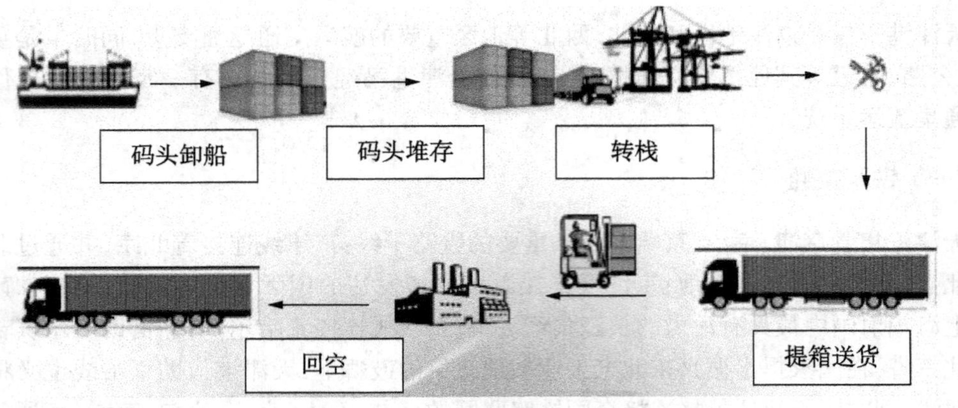

图 3－4　集装箱货物出港过程

课后训练

一、课后调研

通过本项目的学习，请你通过网络调研目前哪些集装箱船公司的船停靠天津港，并且停泊在哪个集装箱码头。

二、应用分析

任务背景：目前你的角色为天津新里程集团海运集装箱部销售人员。某年某月某日，接到天津知学国贸公司外贸业务员的咨询电话，希望贵司给其已经洽谈好的外贸业务进行出口货运代理操作流程设计，并进行初步报价，希望尽快安排出运。其相关信息如下。

- 卖方：天津知学国贸有限公司
  中国天津市津南区雅深路8号 邮编300350

买方：GLOBAL STANDARDS LTD
507 HACKNEY ROAD LONDON UK E2 9ED
PHONE:0044 91710292

- 品名及规格：Plastic Wrap Width 200 mm
  200毫米宽度塑料保鲜膜
- 销售单价：CIF(LONDON)USD1.90/pc
- 支付方式：信用证即期。
- 包装：48pcs in one carton
  每个纸箱装48卷
- 纸箱尺寸：21 cm×30 cm×40 cm
- 纸箱重量：0.5 kg
- 保鲜膜重量：0.4 kg
- 销售数量：4 800 pcs
- 船名 Vessel：HONGHE
- 航次 V.：378
- 提单号 B/L No.：BUNLLSIY8987
- 装货港口：Xingang Tianjin
- 开航日期预计：(请参考当月船公司的船期表)
- 保险条款：按110%发票金额购买PICC人保条款的全险及战争险。
- 装运唛头：G. S.
  PE WRAP
  S. AMPTON
  CTN NO. 1－100

任务要求：

(1) 帮助知学国贸梳理外贸出口业务流程。

(2) 梳理出口集装箱货物在港内流转过程，详细描述货物集疏运流程。(标明时间节点)

项目四 集装箱货运代理中的整箱出口操作

知识目标

1. 了解海运整箱出口的基本操作流程。
2. 理解货物运费的计算方式。
3. 了解订舱的概念、分类及方式。
4. 了解船期表的主要内容、订舱的步骤、场站收据的缮制及流转。
5. 了解集装箱基础知识。
6. 了解海关概述、报关程序、关税计算,以及报关单的填制规范。
7. 了解报检程序、报检单的填制规范。
8. 了解海运提单的定义、内容及海运提单的填制。

能力目标

1. 沟通与业务表达能力。
2. 能够独立完成国际货运代理海运出口的整个流程操作。
3. 能够缮制和填写国际货运代理所涉及的各种单据。

任务一 认知整箱业务

随着件杂货的集装箱化,成组化货物中集装箱货物已经与件杂货并列成为单独的一类货物,即集装箱货物(containerized cargo)。

一、整箱概念

整箱也称整箱货(full container load,FCL),是货运代理中的专业术语,是指由发货人负责装箱、计数、积载并加铝封的货运。整箱货的拆箱,一般由收货人办理,也可以委托承运人在货运站拆箱。但是,承运人不负责箱内的货损、货差,除非货方举证确属承运人责任事故的损害,承运人才负责赔偿。承运人对整箱货,以箱为交接单位。只要集装箱外表与收箱时相似和铅封完整,承运人就完成了承运责任。在整箱货运提单上,要加上“委托人装箱、计数并加铝封”的条款。

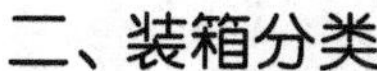

二、装箱分类

根据集装箱货物装箱数量和方式可分为整装箱与拼装箱两种。

1. 整装箱(Full Container Load,FCL)

整装箱是指货方自行将货物装满整箱以后,以箱为单位托运的集装箱。这种情况在货主有足够货源装载一个或数个整箱时通常采用,除了有些大的货主自己置备有集装箱外,一般都是向承运人或集装箱租赁公司租用一定数量的集装箱。空箱运到工厂或仓库后,在海关人员的监管下货主把货装入箱内,加锁、铝封后交承运人并取得站场收据,最后凭收据换取提单或运单。

2. 拼装箱(Less Than Container Load,LCL)

拼装箱是指承运人(或代理人)接受货主托运的数量不足整箱的小票货运,根据货类性质和目的地进行分类整理,将去往同一目的地的货物集中到一定数量拼装入箱。由于一个箱内有不同货主的货拼装在一起,所以称之为拼箱。这种情况在货主托运数量不足装满整箱时采用。拼箱货的分类、整理、集中、装箱(拆箱)、交货等工作均在承运人码头集装箱货运站或内陆集装箱转运站进行。

知识链接

整箱货和拼箱货的区别如表 4－1 所示。

表 4－1 整箱货和拼箱货的区别

对比项目	整箱货(FCL)	拼箱货(LCL)
货主数量	一个货主	多个货主
装箱人	货主	货运站、集拼经营人、NVOCC
制装箱单、加封人	货主	货运站、集拼经营人、NVOCC
货物交接责任	只看箱子外表状况良好、关封良好,即可交接	需要看货物的实际情况(如件数、外观、包装等)
流程程序	发货人—装货港码头堆场—海上运输—卸货港码头堆场—收货人	发货人—发货地车站、码头货运站—装货港码头堆场—海上运输—卸货港码头堆场—收货地车站、码头货运站—收货人

三、交接方式

1. 交接地点

① 集装箱码头堆场(Container Yard,CY)。

② 集装箱货运站(Container Freight Station,CFS)。

③ 发货人或者收货人的工厂或仓库(即门,door)。

2. 集装箱货物的交接方式

(1) 门到门(door to door)交接方式(FCL-FCL)

门到门交接方式是指托运人在工厂或仓库,将由他负责装箱并经海关铅封的集装箱交由承运人验收;承运人接收整箱货后,负责将货物运至收货人的仓库或工厂,原箱交货。只有在一个托运人、一个收货人,而且货主托运的是整箱货的条件下,才能进行门到门的运输,实行门到门的货物交接方式。

(2) 门到场(door to CY)交接方式(FCL-FCL)

门到场交接方式是指承运人在发货人的工厂、仓库接收由发货人装箱并经海关铅封的集装箱,并负责将集装箱运至目的港集装箱码头的集装箱堆场,在集装箱堆场原箱交付给集装箱收货人或代收货人接收集装箱货物交接方式。在采用门到场交接方式的情况下,运至目的港集装堆场以前的,包括陆路运输和海路运输在内的各区段的运输均由承运人负责,由集装箱堆场至目的地的陆路或水路运输则由货主自行负责。与门到门的货物交接方式一样,只有整箱货才能采用这种方式。

(3) 门到站(door to CFS)交接方式(FCL-LCL)

门到站交接方式是指承运人在发货人的工厂、仓库接受由发货人装箱并经海关铅封的整箱货物,负责将箱货运至目的港的集装货运站拆箱后,分别向不同的收货人交付货物的集装箱货物交接方式。在一个托运人将分属于两个或两个以上的收货人的货物拼装在一个集装箱内按整箱货物托运,运到目的港的集装箱货运站,各收货人凭单分别向货运站提货时多采用门到站的交接方式。

(4) 场到门(CY to door)交接方式(FCL-FCL)

场到门交接方式是指承运人在起运港的集装箱堆场接收由发货人装箱并铅封的整箱货物,负责将整箱货运至收货人的工厂、仓库,以原箱交货的货物交接方式。在这种货物交接方式下,承运人不负责由发货人工厂、仓库至集装箱堆场之间的内陆运输。

(5) 场到场(CY to CY)交接方式(FCL-FCL)

在场到场的交接方式中,在起运港由发货人将集装箱货物送至集装箱堆场,在目的港由收货人在集装箱堆场整箱提货;承运人只负责海运区段的运输,起运港以前和目的港以后的内陆运输由货主自行负责。

(6) 场到站(CY to CFS)交接方式(FCL-LCL)

场到站交接方式是指承运人在起运港的集装箱堆场接收经海关铅封的整箱货,以原箱运至目的港的集装箱货运站,分别向两个或两个以上的收货人交付货物的交接方式。同门到站的交接方式一样,在一个发货人将分属于两个或两个以上的收货人的货物拼装在一个集装箱内按整箱货货运时,多采用这种交接方式,不同的是从发货人的工厂、仓库送交集装箱堆场的运输由发货人负责而已。由于承运人接收的是已经装入箱并夹缝的货物,这种交接方式可能加大承运人对货物完好交付的责任,在实践中应谨慎使用。

(7) 站到站(CFS to CFS)交接方式(LCL-LCL)

站到站交接方式是指托运人将小批量不足整箱的货物送到起运港的集装箱货运站,由集装箱货运站接收货物后,将分属于不同托运人和收货人但目的港或目的地相同的货物拼装于一个集装箱内，经海关监装、铅封后，送交起运港的集装箱堆场装船运至目的港装卸作业区的集装箱货运站拆箱，各收货人分别提取货物的货物交接方式。这种方式是集装箱运输中拼箱货的最典型交接方式。

(8) 站到场(CFS to CY)交接方式(LCL－FCL)

站到场交接方式是指承运人从起运港的集装箱货运站将集装箱运至目的港的集装箱堆场的货物交接方式。在两个或两个以上的发货人托运属于一个收货人的货物时，可采用这种货物交接方式。货物在货运站监装和铅封。

(9) 站到门(CFS to door)交接方式(LCL－FCL)

在由两个或两个以上的托运人将不足整箱的货物托运给同一收货人时，一般都在货运站将货物拼箱，并经海关监装、铅封，按整箱货运至收货人的工厂、仓库。

知识链接

集装箱货物和集装箱类型如表4－2所示。

表4－2　集装箱货物和集装箱类型对照

集装箱货物种类		适合的集装箱类型
普通货物	清洁货物	通用、通风、开顶、冷藏集装箱
	污染货物	通用、通风、开顶、冷藏、侧开式集装箱
特殊货物	冷藏、冷冻货物	冷藏集装箱
	易腐货物	冷藏、通风集装箱
	活动物、植物	动物、通风集装箱
特殊货物	大件货物	开顶、平台、台架集装箱
	液体、气体货物	罐式、通用、其他集装箱
	干散货物	散货集装箱
	贵重货物	通用集装箱
	危险货物	通用、台架、冷藏集装箱

四、注意事项

1. 纸板箱包装货物必须紧密

纸板箱包装货物的集装箱内部配载必须紧密，充分考虑到纸箱的尺寸，精确配载，确保集装箱内部积载的纸箱相互稳定靠紧。一方面，尽量充分利用集装箱积载因素，合理多装货物，提高集装箱运输效益，降低运输成本；另一方面，可以有效预防集装箱运输过程中发生箱内纸板箱在震动中移位和碰撞，从而避免发生货物损毁等事故。

2. 托盘装货不留空隙

托盘货物装入集装箱的时候通常采用叉车等机械工具，也需要操作工人谨慎处置，尤其需要人工操作——用其他纸箱包装的货物充填配载托盘货物留下的容积。如果一时无法用其他货物充填集装箱内部货物之间或者货物与集装箱内壁之间的空隙,那么可以采用空气袋(air bag)替代,先按照配载在集装箱内的货物之间或者箱内边缘空隙大小选用不同型号的长圆形空瘪空气袋,将其塞进集装箱货物包装或者货物与集装箱内壁之间空隙,再设法为空瘪空气袋充满空气,使之膨胀起来之后紧紧顶住货物。

3. 桶装货物必须固定

按照规定,桶装货物(drums)在长途集装箱卡车运输过程中必须垂直积载和用木板条框架固定。

集装箱卡车载运的桶装货物大多是液态或粉尘,卡车运输公司经营人或车主必须在桶装货物进入集装箱之前认真检查其货物品质,以及桶罐封口和木板条框架固定是否到位;桶装货物进入集装箱内后必须固定,桶体之间的空隙必须被托盘、钢丝绳等其他物体加固充填和绑扎,避免集装箱卡车长途运输途中发生货物移位,货物与集装箱内壁碰撞或者桶撞货物导致倾覆。

4. 无包装机械实施绑扎

长途集装箱卡车承运无包装机械的时候,卡车运输公司经营人或车主必须根据不同机械尺寸大小和形状,仔细考虑货物配载和具体实施绑扎等方案,包括机械重量,绑扎钢丝的安全规格,足以保证货物在箱内不发生移位和震荡的各种具体措施,同时确保任何固定措施不损坏机械本身。

长途集装箱卡车承运整车(UPC)业务,必须实施汽车的4个轮子固定住的四角绑扎,而集装箱地板事先必须烧制绑扎环,通过钢丝绳把汽车的4个轮子和绑扎环牢固地捆绑在一起,整车前后左右必须由软体弹性充填物隔离,确保集装箱卡车长途行驶过程中,遇到剧烈震颠的时候,箱内整车不会与箱壁碰撞,同时充填物又要方便整车装卸操作。这里值得一提的是长途集装箱卡车载运的整车通常是轿车和中小型客车,至于大型建筑机械和重型车辆则用集装箱平板卡车拖引更加安全、合适。

5. 干散货运输用空气压力传送

集装箱干散货运输涉及货物品种有豆子、盐、肥料、粮食、饲料、化工品等。在欧美等发达国家通常采用移动便利的空气压力传送机械实施装卸,仅仅15分钟就可以往集装箱内灌装17 t干散货。值得指出的是,集装箱卡车运输干散货的方式方法,尤其是装卸机械的选用,必须视货物物质性能、湿度、比重和配载因素等情况而定,不可千篇一律;经检验合格和准备积载干散货的集装箱必须预先清洁,确保箱内干燥、无异味和异物,同时必须在集装箱内铺设与集装箱上下左右内壁相合适的立体式塑料布,尽可能避免发生货物污染和损毁事故;每辆集装箱卡车的干散货装卸作业最好一次性完成。

6. 危险品运输挂标记和标签

危险品集装箱卡车长途运输必须从法律法规和实际操作等方面高度关注。按照国际海运危险品法规(IMDG)进行分类,危险品基本上分为7级,其内容十分详细;简单来讲,危险品一级为爆炸物;危险品二级是燃气和毒气;危险品三级是可燃液体;危险品四级是可燃固体物;危险品五级是氧化物和有机过氧化物;危险品六级是有毒和感染物质;危险品七级是放射性物质;危险品八级是腐蚀性物质;危险品九级是其他种类的危险品。凡是集装箱卡车运输危险品货物,所有货物均必须按照国际规范严格包装,其表面必须有明显的符合实际的危险品标记和标签。

7. 冷藏运输需保温

肉品、海鲜、乳制品、蔬菜、水果、医药、精密机械等冷藏冷冻品的集装箱卡车运输要求集装箱自身拥有绝缘保温层和冷藏机械设备。其可控温度范围通常是 -25℃(-13℉)~+23℃(+73.4℉),目前已经发展到电脑自动控制;还有运用先进科技的整套集装箱温度控制、稳定和检测系统,以便在集装箱卡车运输途中有效保证集装箱内冰冻或冷藏货物质量在恶劣外界温度环境中长期不变,让客户满意、放心。但是冷藏集装箱卡车运输货物必须根据合同规定,按照货物具体情况,分别予以处理,如装箱之前的货柜和货物预冷,如果货主要求货物不予装箱前预冷,必须出具书面要求,当事人的相关责任必须明确;此外,冷藏集装箱地板排水孔必须按照运输合同的具体规定予以经常检查和必要的开闭;冷藏集装箱积载货物的时候必须注意为货物留有空气回旋空间。

知识链接

如何确定使用什么集装箱

1. 计算货物密度

货物密度=货物的重量÷货物体积

2. 选择集装箱箱型(20 ft 还是 40 ft)

查找和货物密度最相接近的集装箱的容重。

3. 分别求出一个集装箱的有效容积、该种货物最大装载量

一个集装箱的有效容积=所选集装箱的容积×容积利用率

某货物单位集装箱的最大装载量=一个集装箱的有效容积×单位货物的重量÷单位货物体积

4. 确定集装箱的数量

(1) 判断货物是重货还是轻货

重货:货物的密度>集装箱的容重

轻货:货物的密度<集装箱的容重

(2) 如果货物是重货:

所需集装箱数量=货物总重量÷装箱最大载货质量

如果货物是轻货:

所需集装箱数量=货物总体积÷集装箱的有效容积

例:用纸板箱装广东凉茶,共750箱,体积为117.3 m^3,质量为20.33 t,问需装多少个20 ft 杂货集装箱?

解:

① 求货物密度:20 330÷117.3=173.3 kg/m^3。

② 查表得:箱容积率为80%时,20 ft 的集装箱单位容重为820.4 kg/m^3。

③ 判断货物是轻货还是重货。货物密度小于箱的单位容重,故所装货物为轻货。

④ 集装箱有效容积 =33.2×80% =20.56 m^3。

⑤ 所需集装箱数 =117.3 ÷20.56 =4.4,即需要 5 个 20ft 杂货集装箱。

下面介绍对一批相同尺寸纸箱计算装箱量的方法。

计算公式:

$V \geqslant Q_1 \times L \times H \times W$

纸箱的数量 $Q_1 \leqslant$ 集装箱的内体积 ÷ 每箱体积

纸箱的数量 $Q_2 \leqslant$ 集装箱的最大载重 ÷ 每箱毛重

集装箱的装箱量为 Q_1、Q_2 两者中较大者。

式中,V 是集装箱的内体积,L 是纸箱的长,H 是纸箱的高,W 是纸箱的宽,长度单位为 m,质量单位为 kg。

交易会等特殊场合快速估算集装箱可装纸箱数量方法的公式为:

(按体积算)可装纸箱数量 Q_1 = 集装箱内容积 ×0.9 误差系数 ÷(纸箱长 × 宽 × 高)

(按质量算)纸箱的数量 $Q_2 \leqslant$ 集装箱的最大载重 ÷ 每箱毛重

集装箱装箱量为 Q_1、Q_2 两者中较大者。

课后训练

各举出 6 种适合集装箱运输,既可以采用集装箱运输也可以采用拼箱运输,必须采用拼箱运输的货物。

任务二　认知整箱业务流程

一、整箱业务流程图

整箱业务流程如图 4 -1 所示。

① 货主与货运代理人(简称货代)建立货运代理关系。

② 货代填写托运单证,及时订舱。

③ 订舱后,货代将有关订舱信息通知货主或将配舱回单转交货主。

④ 货代申请用箱,取得 EIR 后就可以凭此到空箱堆场提取所需的集装箱。

⑤ 货主自拉自送时,先从货代处取得 EIR,然后提空箱,装箱后制作 CLP,并按要求及时将重箱送码头堆场,即集中到港区等待装船。

⑥ 货代提空箱至货主指定地点装箱,制作 CLP,然后将重箱集港。

⑦ 货主将货物送到货代 CFS,货代提空箱,并在 CFS 装箱,制作 CLP,然后集港。

注意,⑤、⑥、⑦在实践中只选其中一种操作方式。

⑧ 货主委托货代代理报关、报检,办妥有关手续后将单证交货代现场。

⑨ 货主也可自行报关,并将单证交货代现场。

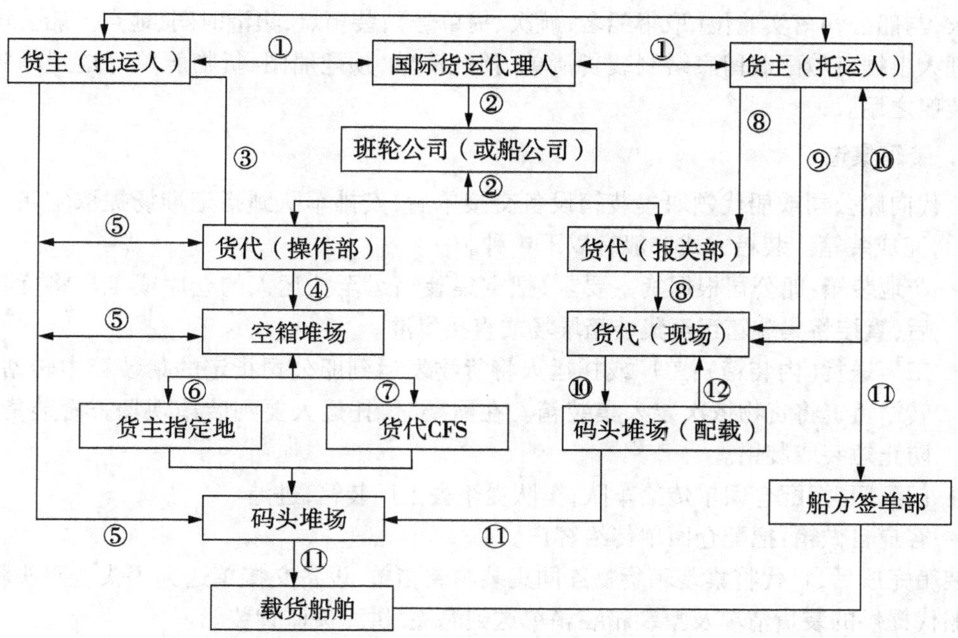

图 4－1　整箱业务流程

⑩ 货代现场将办妥手续后的单证交码头堆场配载。

⑪ 配载部门制订装船计划，经船公司确认后实施装船作业。

⑫ 实践中，在货物装船后可以取得 D/R 正本。

⑬ 货代可凭 D/R 正本到船方签单部门换取 B/L 或其他单据。

⑭ 货代将 B/L 等单据交货主。

注意，为方便图示，用两个方框表示同一个货主。

整箱业务中的 3 个主要当事人是发货人（货主，如出口厂、进出口公司）、货运代理人（或整箱公司，即经营整箱业务的公司）和船公司。

二、整箱业务操作流程及单证流转

（一）业务流程

1．接受委托

货代在接到货主委托后，应先确认如下几个方面的情况，如该单位在出口地海关备案（年审）情况，报关单据是否齐备（全套报关单据有委托报关协议、出口货物报关单、装箱单、发票、合同、出口收汇核销单），海关监管货物中所要求的各种证件是否齐备，该票货物配何种集装箱，有无特殊要求等。

2．订舱

接受委托的货代为了将货物出运，需要向船公司或船代订舱。该操作一般由货代公司的操作员缮制场站收据，然后将订舱信息录入系统，形成预配舱单。根据货主的海运委托书

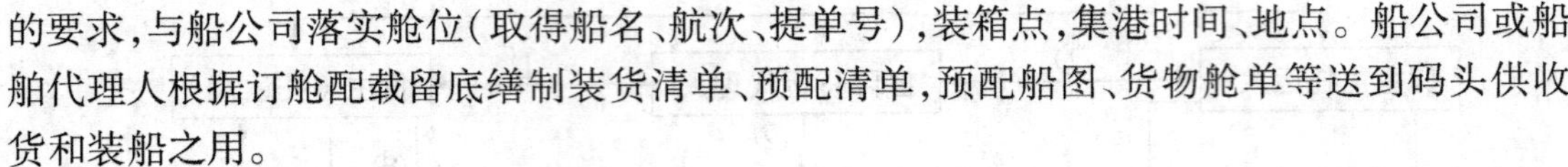

的要求,与船公司落实舱位(取得船名、航次、提单号),装箱点,集港时间、地点。船公司或船舶代理人根据订舱配载留底缮制装货清单、预配清单,预配船图、货物舱单等送到码头供收货和装船之用。

3. 装箱集港

货代向船公司或船代领取集装箱设备交接单后,安排车队到指定堆场提取空箱。在提空箱后,完成装箱。装箱方式一般有以下4种。

- 产地装箱:船公司根据货主要求,把空集装箱运至托运人的仓库或工厂将货物装箱后,直接将集装箱运至集装箱堆场或直接集港。
- 工厂送货(内装箱):工厂或托运人将货物发运到船公司指定的集装箱中转站,由中转站负责将货物依次装入集装箱。在需要时,托运人要到装箱现场查看装货情况,防止短装或装错。
- 门到门:把配仓回单传给车队,车队提箱去工厂装箱,进港。
- 客户自做箱:把配仓回单传给客户。

装箱完成后,货代将集装箱货物连同集装箱装箱单、设备交接单送到码头。码头将船公司或船代提供的装货清单及集装箱装箱单送到海关,供海关监管装船。

4. 报关与报检

码头收货后根据预配船图和预配清单配定载位,缮制装船顺序单。大副凭装货单接载,装货后签发场站收据。装货后场站收据由码头交船公司或船代。码头根据装船实际情况绘制实装船图交船公司或船代。船公司或船代将实装船图、舱单、运费舱单、提单副本、集装箱装箱单副本等交船舶,随船带交卸港。集装箱必须进港才能报关。做完箱,凭客户提供的报关资料和正本配仓回单交报关行报关。

海关核运后在装货单上盖章放行,将装货单、场站收据等联退给货代。货代将盖章放行的装货单、场站收据交码头配载室。码头根据箱子进港和报好关的场站收据放关、配船。

5. 制作提单

货代在船开前一两天和客户确认提单,然后根据舱单和海运委托单的有关内容打提单,并把提单内容传真给委托人确认无误后打制正式提单。船公司出具船东提单,货代公司出具货代提单。出货代提单的,凭货代提单去国外代理处换单。

6. 寄提单和核销退税

在确认货物已装船启运后,货代要尽快把全套提单寄给委托人,使其有充足时间办理结汇手续。船公司或船代凭场站收据签发装船提单给货代。货代将装船提单送交委托单位。船公司或船代将船舱单送海关。海关根据装船舱单核对发票退税单等凭证给货代。货代取得退税单、外汇核销单等送交委托单位。

(二)业务单证

货主委托货代办理运输事宜的单证。该类单证可分为基本单证和特殊单证。基本单证即通常每批托运货物都需具备的单证,包括出口货运代理委托书、出口货物报关单、外汇核销单、商业发票、装箱单、重量单(磅码单)和规格单等。特殊单证是在基本单证以外,根据国家规定，按不同商品、不同业务性质、不同出口地区需向有关主管机关及海关交验的单证，如出口许可证，配额许可证，商检证，动植物检疫证，卫生证明，进料、来料加工手册，危险货物申请书，包装证，品质证，以及原产地证书等。

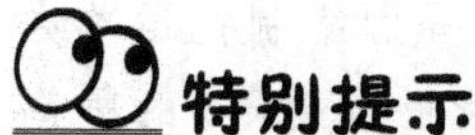

退关处理

货代替委托单位订妥舱位并已办妥通关手续或者货已集港，但在装运过程中因故中止装运叫作退关(shut out)。发生退关后除弄清情况、分清责任外，当务之急是迅速做好善后处理。

① 单证处理：属于委托单位主动提出退关的，货代在接到委托方通知后需尽快通知船公司或其代理人，以便对方在有关单证上注销此批货物，并通知港区现场理货人员注销场站收据或装货单；此外，货代须向海关办理退关手续，将注销的报关单及相关单证（外汇核销单，出口许可证，商检证，进料、来料加工手册等）尽早取回退还委托方。如果不属于委托单位主动提出退关而由于船方、港方或海关手续不完备等各种原因造成退关的，货代在办理以上单证手续前，须先通知委托方说明情况并听取处理意见。

② 货物处理：通关后如果货物尚未进入港区，货代须分别通知发货人、集卡车队、装箱点停止发货、派车及装箱；如果货物已经进入港区，退关后不再出运，须向港区申请，结清货物在港区的堆存费用，把货物拉出港区拆箱后送还发货人；退关后如果准备与该船下一航次或原船公司的其他航班出运，则暂留港区，待装下一航次或其他航班的船（限同一港区作业）；如果换装另一船公司的船只，因各船公司一般只接受本公司的集装箱，则须将货物拉出港区换装集装箱后再送作业港区。

退关处理极为麻烦，货代在处理此项工作时需要注意的是：必然抓紧时间，跟踪处理，不可延缓；对委托方提出的退关要求应采取积极配合的态度，但不宜轻率做出承诺，因为现场装船时间很紧，情况多变，往往不易控制；内外各部门、各环节之间除电话联系外，还须做书面通知，从时间界线上划清责任。

1. 出口货运代理委托书

出口货运代理委托书(Entrusting Order for Export Goods)简称委托书。货代接到委托方的委托书后，应及时加以审核，根据要求及时联系有关船公司或其代理人订舱，如果某些要求无法接受或船货衔接存在问题，应迅速联系委托方征求意见，以免贻误工作。委托书详列托运各项资料和委托办理事项及工作要求，如装运事项、提单记载事项、运费结算事项等，是货代的工作依据。

知识链接

危险品单证及相关问题

危险货物由于具有易爆、易燃、有毒、腐蚀、放射等危害特性，在进出口运输安排上要求较高、难度较大,托运的手续和需要的单证比一般普通货物复杂、烦琐。《国际海运危险货物规则》(International Maritime Dangerous Goods Code,IMDG Code)对海运危险货物的认定标准和程序做出了规定,且该规则(2002 年版第 31 套修正案)自 2004 年 1 月 1 日起成为强制性规则。

第一,缮制托运单。危险货物的托运订舱必须按各类不同危险特性,分别缮制托运单办理订舱配船,以便船方根据各种不同特性的危险货物按照《国际海运危险货物规则》的隔离要求分别堆装运输,以利安全。例如,一份信用证和合同中同时出运氧化剂、易燃液体和腐蚀品 3 种不同性质的货物,托运时必须按 3 种不同性质危险货物分别缮制 3 份托运单,切不能一份托运单同时托运 3 种性质互不相容的危险货物;否则,船方会将 3 种互不相容的危险货物装在一起,易产生化学反应,引起燃烧、爆炸,造成事故。如果是集装箱运输,切忌互不相容的危险货物同装一集装箱内。

第二,托运时应随托运单提供中英文对照的危险货物说明书或危险货物技术证明书一式数份,显示品名、别名、分子式、性能、运输注意事项、急救措施、消防方法等内容,供港口、船舶装卸、运输危险货物时参考。

第三,托运时必须提交经海事局审核批准的包装危险货物安全适运申报单(简称货申报),船舶代理人在配船以后凭此申报单(货申报)再向海事局办理船舶载运危险货物申报单(简称船申报),港务部门必须收到海事局审核批准的船申报后才允许船舶装载危险货物。

第四,托运时应提交检验检疫局出具的按《国际海运危险货物规则》要求进行过各项实验结果合格的危险货物包装容器使用证书。该证书须经港务管理局审核盖章后方才有效。港口装卸作业区凭港务局审核盖章后的证书,同意危险货物进港并核对货物后方可验放装船。

第五,集装箱装载危险货物后,还须填制中英文的集装箱装运危险货物装箱证明书一式数份,分送港区、船方、船代和海事局。

第六,危险货物外包装表面必须张贴《国际海运危险货物规则》规定的危险品标志和标记,具体标志或标记图案须参阅危险货物规则的明细表;成组包装或集装箱装运危险货物时,除箱内货物张贴危险品标志和标记外,在成组包装或集装箱外部四周还需贴上与箱内货物内容相同的危险品标牌和标记。

第七,对美国出口或需在美国转运的危险货物,托运时应提供英文的危险货物安全资料卡(MSDS)一式两份,由船代转交承运人提供美国港口备案。危险货物安全资料卡须填写概况、危害成分、物理特征、起火和爆炸资料、健康危害资料、反应性情况、渗溢过程、特殊保护措施、特殊预防方法等 9 项内容。

第八,罐式集装箱运散装危险货物时,还须提供罐式集装箱的检验合格证书。

第九,对美国出运危险货物或在香港转运危险货物,还需要增加一份《国际海运危险货物规则》推荐使用的危险货物申报单。

托运人托运危险货物,应当依照有关海上危险货物运输的规定妥善包装,做出危险品标志和标签,并将其正式名称和性质以及应当采取的预防危害措施书面通知承运人;托运人未通知或者通知有误的,承运人可以在任何时间、任何地点根据情况需要将货物卸下、销毁或者使之不能为害,而不负赔偿责任。承运人知道危险货物的性质并已同意装运的,仍然可以在该项货物对船舶、人员或者其他货物构成实际危险时，将货物卸下、销毁或者使之不能为害，而不负赔偿责任。但是，不影响共同海损的分摊。

2. 集装箱货物托运单(场站收据联单)

现代海上班轮运输以集装箱运输为主(件杂货运输占极小比重)，为简化手续即以场站收据(Dock Receipt，D/R)作为集装箱货物的托运单。场站收据联单现在通常是由货代企业缮制送交船公司或其代理人订舱，因此托运单也就相当于订舱单。

我国在1990年开始进行集装箱多式联运工业性试验，简称集装箱工试。该项工业性试验虽已结束，但其中的三大单证的原理一直使用至今。三大单证是：出口时使用的场站收据联单、进口时使用的交货记录联单和进出口时都要使用的设备交接单联单。下面以在上海口岸进行的集装箱装运的场站收据联单为例，介绍其各联的设计和用途。

① 第一联：货主留底(早先托运单由货主缮制后将此联留存，故列第一联)。

② 第二联：船代留底。

③ 第三联：运费通知(1)。

④ 第四联：运费通知(2)。

⑤ 第五联：装货单(Shipping Order)。第五联(附页)是缴纳出口货物港务费申请书(由港区核算应收的港务费用)。

⑥ 第六联(浅红色)：场站收据副本大副联。

⑦ 第七联(黄色)：场站收据正本。

⑧ 第八联：货代留底。

⑨ 第九联：配舱回单(1)。

⑩ 第十联：配舱回单(2)。

⑪ 第十一、十二联：白纸联(现在这两联白纸已不用)。

以上一套12张，船公司或其代理接受订舱后在托运单上加填船名、航次及编号(此编号俗称关单号，与该批货物的提单号基本上保持一致)，并在第五联装货单上盖章，表示确认订舱，然后将二至四联留存，第五联以下全部退还货代公司。货代将第五联、五联附页、六联、七联共4联拆下，作为报关单证之用，九或十联交托运人(货主)做配舱回执，其余供内部各环节使用。

托运单虽有12联之多，但其核心单据为第五、六、七联。第五联是装货单，盖有船公司或其代理人的图章，是船公司发给船上负责人员和集装箱装卸作业区接受装货的指令，报关时海关查核后在此联盖放行章，船方(集装箱装卸作业区)凭此收货装船。第六联供港区在货物装船前交外轮理货公司，当货物装船时与船上大副交接。第七联场站收据俗称黄联(黄色纸张，便于辨认)，在货物装上船后由船上大副签字(通常由集装箱码头堆场签章)，退回船公司或其代理人，据以签发提单。

3. 集装箱预配清单

集装箱预配清单是船公司为集装箱管理需要而设计的一种单据。该清单格式及内容，各船公司大致相同，一般有提单号，船名，航次，货名，件数，毛重，尺码，目的港，集装箱类型、尺寸和数量，装箱地点等。货运代理人在订舱时或一批一单，或数批分行列载于一单，按订舱单内容缮制后随同订舱单据送船公司或其代理人，船公司配载后将该清单发给空箱堆存点，据此核发设备交接单及空箱。

4. 集装箱发放/设备交接单

集装箱发放/设备交接单(Equipment Interchange Receipt，EIR)是集装箱进出港区、场站时，用箱人、运箱人与管箱人或其代理人之间交接集装箱及设备的凭证，兼有发放集装箱的凭证功能，所以它既是一种交接凭证，又是一种发放凭证，对集装箱运输特别是对箱务管理起着巨大作用。在日常业务中被简称为设备交接单。

设备交接单使用时，应按照有关设备交接单制度规定的原则进行。设备交接单制度应严格要求做到“一箱一单、箱单相符、箱单同行”。用箱人、运箱人凭设备交接单进出港区、场站，到设备交接单指定的提箱地点提箱，并在规定的地点还箱。与此同时，用箱人必须在规定的日期、地点将箱子和机械设备如同交付时状态还给管箱人或其代理人。对集装箱的超期使用或租用，用箱人应支付超期使用费；对使用或租用期间发生的任何箱子及设备的灭失和损坏，用箱人应承担赔偿责任，相应费用标准也应做出明确规定。

在集装箱货物运输情况下，货主(或货代)在向船公司或其代理人订妥舱位取得装货单后可凭其向船方领取设备交接单。设备交接单一式六联，上面3联用于出场，印有“出场OUT”字样，第一联盖有船公司或其集装箱代理人的图章，集装箱空箱堆场凭此发箱，第一、二联由堆场发箱后留存，第三联由提箱人(货代)留存；设备交接单的下面3联是进场之用，印有“进场IN”字样，该3联是在货物装箱后送到港口作业区堆场时做重箱交接之用，其第一、二两联由送货人交付港区道口，其中第二联留港区，第一联转给船方据以掌握集装箱的去向，送货人(货代)自留第三联作为存根。可见，在集装箱货物出口运输中，设备交接单主要是货主(或货运代理人)领取空箱出场及运送重箱装船的交接凭证。

设备交接单的下半部分是出场或进场检查记录，由用箱人(运箱人)及集装箱堆场或者码头工作人员在双方交接空箱或重箱时验明箱体记录情况，用以分清双方责任。空箱交接标准包括：箱体完好、水密、不漏光、清洁、干燥、无味，箱号及装载规范清晰；特种集装箱的机械、电器装置正常。重箱交接标准包括：箱体完好、箱号清晰、封志完整无损，特种集装箱机械、电器装置运转正常，并符合出口文件记载要求。

5. 集装箱装箱单

集装箱装箱单(Container Load Plan，CLP)是详细记载集装箱内货物的名称、数量等内容的单据。每个载货集装箱都要制作这样的单据，它是根据已装进集装箱内的货物制作的。不论是由发货人自己装箱还是由集装箱货运站负责装箱，负责装箱的人都要制作装箱单。集装箱装箱单是详细记载每一个集装箱内所装货物详细情况的唯一单据，所以在以集装箱为单位进行运输时，它是一张极其重要的单据。

知识链接

集装箱装箱单的用途

集装箱装箱单的用途是：作为发货人、集装箱货运站与集装箱码头堆场之间的货物的交接单证;作为向船方通知集装箱内所装货物的明细表;单据上所记载的货物与集装箱的总质量是计算船舶吃水差、稳性的基本数据;在卸货地点是办理集装箱保税运输的单据之一;当发生货损时,是处理索赔事故的原始单据之一;卸货港集装箱货运站安排拆箱、理箱的单据之一。

装箱单记载事项必须与场站收据和报关单据上的相应事项保持一致,否则会引发不良后果。例如,装货港错打从而与场站收据不符,港区有可能不予配装,造成退关;也可能配舱错位,以致到达卸货港时无法从错置的舱架上把集装箱卸下。又如,装箱单质量或者尺码与报关单或发票不符,船公司按装箱单质量或尺码缮制提单、舱单,出口单位结汇时发生单单不一致,不能结汇。这种情况屡见不鲜,主要原因在于发货人托运时未向仓库或工厂取得正确数据,以致数字歧异。对此,发货人应加以注意。如果所装货物品种不同,则必须按箱子前部(front)到箱门(door)的先后顺序填写。

课后训练

请用思维导图绘制集装箱整箱货流程图并简要叙述操作步骤。

任务三 认知整箱出口操作业务

2017 年 5 月 8 日,天津诚达货运代理有限公司接到天津知学国际贸易有限公司递来的委托号为 TJ17 - 3002 的海运出口订舱委托书。有批男式 T 恤要从天津新港整箱出口至韩国釜山,货物有 400 箱、3 600 kg、25.2 m^3,要求产地装箱,信用证装船期为 2017 年 5 月 31 日。

根据客户的需求,制订装船计划,并熟悉每一个海运出口流程。

一、订舱操作

(一) 配比航线和船期

根据货物状况及客户要求,以及订舱委托书中的信息,货代公司要与客户沟通选择船公司和出运时间。为此,货代要看得懂船期表,计算出航程和航期,根据客户需要配比合适的船期。

(二) 确定集装箱的类型和数量

货代要根据货物的种类、性质、包装、体积、质量及运输要求,选用合适的集装箱。首先考虑货物是否装得下,其次考虑在经济上是否合理,与货物所要求的运输条件是否符合。

(三) 填写预配舱单

准确获取预配舱单中的船名航次、订舱号、箱型、箱量、箱主这几项关键信息是订舱配载环节的关键,也体现了操作人员的工作能力和水平。

1. 订舱号

订舱号(Booking Note Number,BN No.),也是场站收据编号(Dock Receipt Number,D/R No.),也可能是将来的提单号(Bill of Lading Number,B/L No.)。船公司会根据内部的规定,制定号码规则,如航线代码、装货港、卸货港顺序、自然年份、顺序号等划分依据,以此制定本公司的放号规则。例如,天津思远船务公司的订舱号 BN. NO. XGJA16001986 表示天津新港至日本港口的出口运输,2016 年第 001986 号。这样,所有 2016 年天津新港出口至日本的集装箱货运提单都以 XGJA16 开头。

2. 船名、航次

参考项目二的任务一,我们可以了解到,从一个起运港装运的货物,卸货港如果是海外基本港,会有两家以上的船公司提供班轮服务。例如,天津新港出口至美国洛杉矶的班轮,APL、COSCO、NYK、MOL、CMA、MSK 等班轮公司都提供该航线的服务。遇到这样的情况,货代订舱时首先需要列出综合船期表,也就是做一个涵盖各班轮公司船期表信息的大船期表,如图 4-2 所示。

Transit Time	Carrier	CY Cutoff	Departure	Arrival	Service / Vessel
4 days Direct	PIL		Xingang 02 May (Tue) (ETD at Xingang)	Busan 06 May (Sat) (ETA at Busan)	SW3 KOTA CABAR
4 days Direct	PIL		Xingang 09 May (Tue) (ETD at Xingang)	Busan 13 May (Sat) (ETA at Busan)	SW3 CMA CGM NARMADA
2 days Direct	K LINE		Xingang 05 May (Fri) (ETD at Xingang)	Busan 07 May (Sun) (ETA at Busan)	ASECO-S18 TEXAS TRADER
2 days Direct	K LINE		Xingang 12 May (Fri) (ETD at Xingang)	Busan 14 May (Sun) (ETA at Busan)	ASECO-S18 TEXAS TRADER
2 days Direct	MOL		Xingang 05 May (Fri) (ETD at Xingang)	Busan 07 May (Sun) (ETA at Busan)	TEXAS TRADER

图 4-2 船期表

最终配哪家班轮公司的船舶需要依次考虑以下条件。

(1) 客户指定

有的客户递交委托书时已经指定了船公司,也有的是信用证指定、国外买家指定、国内托运人的偏好。如果遇到指定货,必须首先满足客户的要求。

(2) ETD

ETD 是船舶预计驶离装货港的日期。考虑到客户交货期的信用证装期的规定,要保证货物出厂的时间与开船时间的顺利衔接。

(3) T/T

T/T(Transit Time)是船舶的航行时间,要根据客户要求的到港时间选择。不能只看离

港日期的早晚，还要观察不同船东的航行时间差异，有些船周四驶离新港，但是到达洛杉矶港的日期比周三驶离新港的还提前3天。

(4) 舱位情况

同一时间段，不同船东留给同一装货港的空舱位有所不同，有些船东舱位紧张而有些船东有大量的空舱。

(5) 空箱情况

考虑船东是否有适合的箱型、足够的空箱供使用。

(6) 运价水平

考虑客户追求的是经济实惠还是方便快捷。

3. 箱型

根据委托的货物描述，判断货物类型，确定使用的箱型。特殊类型的货物适配特殊箱型；普通货物适用普通箱[也称多用途箱(General Purpose，GP)、干货箱(Dry Cargo，DC)]。

4. 箱量

如果托运人递来委托书时有明确要求，如使用1×20'GP或1×40'FCL等，则此时箱型、箱量均已确认，订舱人员照此安排即可。如果客户没有明确要求，只是客观地提供了委托书信息，则要求配载人员对箱量进行准确估算。这一点是判断配载水平高低的关键所在。决定箱量的关键参考指标是包装种类及件重尺。对于这一点，需要依据集装箱的内部尺寸、限制载货质量(因不同船东、不同航线而异)、货物包装特点等因素决定，需要积累大量的实践经验才能初步具备配载技能。

5. 箱主

确定了船名航次、箱型箱量，再确定使用哪家船东的集装箱。确定了集装箱，才真正确定了船东。有些船东能够提供某航线的周班服务，但又考虑到运营成本而不愿意投入更多的船舶，所以与其他船东联营，形成了海运联盟——一个船东只投入一艘船即可实现周班密度，另外船东投入其他船舶。这种经营现象称为“融舱”。在这种方式下，同一航次的同一船名的船舶上面载有几家不同船东的箱子和货物。

预配舱单上5个关键信息填妥后，配载人员需要在装货单(Shipping Order，S/O)(场站收据的一联)加盖订舱专用章，连同大副收据(Mate Receipt，M/R)(场站收据的一联)一起交订舱人备报关使用。

根据上述任务背景提供的货物信息和上述关键信息的填写要求，完成预配舱单的填写，如表4-3所示。

表4-3　预配舱单

订舱号	委托号	发货人	收货人	通知人	装货港	卸货港	船名航次	唛头	件	质量 kg	尺寸 m^3	箱型	箱量	箱主
XGKR 170019 83	TJ17－3002	Tianjin Zhixue	ToOrder	Samyung	XG	BUSAN		N/M	400 CTN	3 600	25.2			

(四) 填写订舱单

确定航次、集装箱类型和数量后,就可以向船公司订舱了。订舱单是货代公司在接受货主的委托后,根据船公司已制定的格式以纸质或电子形式向承运人申请货物托运,船代确认订舱后签发的凭证。在集装箱出口运输中,最常见的做法是由承运人或其代理签发场站收据副本作为接受装运申请的凭证。

二、装箱操作

(一) 提空箱

在确定了箱主、箱型、箱量、船名航次、提单号等内容后,货代操作人员需要开具提箱单,即提箱凭证给委托人。一般情况下,车队凭提箱单到指定存箱地点提取空箱,然后到集装箱货运站(CFS)装箱,或者直接到托运人的工厂装箱。

业务背景中的客户需要产地装箱,因此货代需要将提箱单转交集装箱卡车车队,委托车队提空箱后,到客户工厂装箱,如图 4-3 所示。

SERVICE ORDER

提箱凭证

TO:振华公司/张先生、刘先生　　　CC:

FR:中远海运天津分公司

兹有:天津诚达货运代理有限　公司,所委托车队前往贵处提取:

箱型	数量(个)	箱型	数量(个)
20'普通箱	1(壹)	20'冷冻箱	
40'普通箱		40'冷冻箱	
40'高箱		20'框架箱	
45'箱		40'框架箱	
20'开顶箱		20'挂衣箱	
40'开顶箱		40'挂衣箱	

船名、航次 QING YUN HE V. 0033S　　目的港 BUSAN KOREA

提单号: TGFXG000008

备注:

振华堆场电话:28779837、28779839,联系人:张先生、刘先生

提箱车队电话:　　　　经办人:

提箱人签字:　　　　放箱日期

(盖章)

备注:

提箱地点及联系地点:

须单位加盖章方有效:

图 4-3 提箱单

（二）产装明细

有了提箱单，还需结合客户要求补充一份产地装箱明细（见图 4－4）给车队，告知装箱的具体要求。

产地装箱明细

<table>
<tr><td>委托车队</td><td colspan="2">外运车队</td><td>委托日期</td><td colspan="2">2017－5－9</td></tr>
<tr><td>船名/航次</td><td colspan="2">QING YUN HE/0033S</td><td>提单号</td><td colspan="2">TGFXG000008</td></tr>
<tr><td>开船日</td><td>2017－5－15</td><td>集港日</td><td>2013－5－14</td><td>产装日</td><td>2017－5－13</td></tr>
<tr><td>箱　量</td><td colspan="2">20’GPX1</td><td>箱　主</td><td colspan="2">COSCO</td></tr>
<tr><td>目的港</td><td colspan="2">BUSAN</td><td>中转港</td><td colspan="2">BUSAN</td></tr>
<tr><td>编　号</td><td colspan="2">FCL002255</td><td>重　量</td><td colspan="2">3 600 KGS</td></tr>
<tr><td colspan="6">产装地址：
天津市津南区南八里台知学服装厂
联系人：李思 13902122561</td></tr>
<tr><td colspan="6">产装要求：
请于 17 号上午 7 点准时到达以上地点。谢谢！
提箱时确保检验合格！</td></tr>
<tr><td colspan="6">中文品名：
全棉男士 T 恤衫
件重尺：400 CTNS 3 600 KGS 25.2 CBM</td></tr>
<tr><td colspan="6">确认运费：1 800.00 元</td></tr>
</table>

制单人：张山

联系电话：88886666

图 4－4　产地装箱明细

（三）装箱单

在车队产地装箱完毕后，报上箱号封号，制单人员打印集装箱装箱单（CLP），如图 4－5 所示。

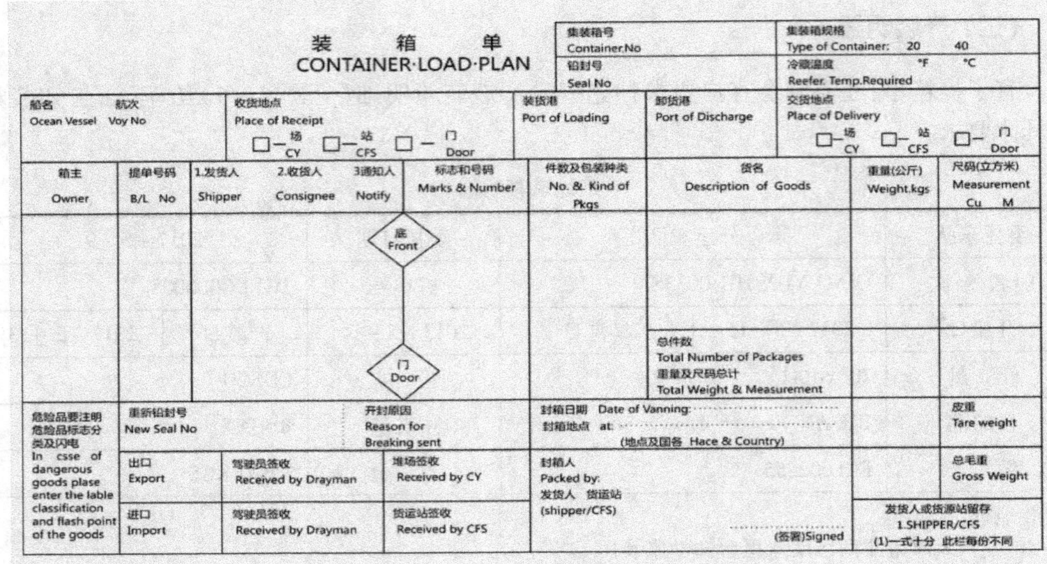

装 箱 单
CONTAINER·LOAD·PLAN

集装箱号 Container No
铅封号 Seal No
集装箱规格 Type of Container: 20 40
冷藏温度 Reefer. Temp.Required °F °C

船名 Ocean Vessel　航次 Voy No
收货地点 Place of Receipt　□—场 CY　□—站 CFS　□—门 Door
装货港 Port of Loading
卸货港 Port of Discharge
交货地点 Place of Delivery　□—场 CY　□—站 CFS　□—门 Door

箱主 Owner
提单号码 B/L No
1.发货人 Shipper　2.收货人 Consignee　3.通知人 Notify
标志和号码 Marks & Number
件数及包装种类 No. & Kind of Pkgs
货名 Description of Goods
重量(公斤) Weight.kgs
尺码(立方米) Measurement Cu M

底 Front
门 Door

总件数 Total Number of Packages
重量及尺码总计 Total Weight & Measurement

危险品要注明危险品标志分类及闪电 In csse of dangerous goods plase enter the lable classification and flash point of the goods
重新铅封号 New Seal No
开封原因 Reason for Breaking sent
封箱日期 Date of Vanning:
封箱地点 at:
(地点及国备 Hace & Country)
皮重 Tare weight
出口 Export
驾驶员签收 Received by Drayman
堆场签收 Received by CY
封箱人 Packed by: 发货人 货运站 (shipper/CFS)
总毛重 Gross Weight
进口 Import
驾驶员签收 Received by Drayman
货运站签收 Received by CFS
(签署)Signed
发货人或货源站留存 1.SHIPPER/CFS
(1)一式十分 此栏每份不同

图 4 –5　CLP 装箱单

在提取空箱、安排货物装箱这个环节会用到调箱单、设备交接单、装箱单 3 个单证。查阅相关资料,完成表 4 –4。

表 4 –4　单证表

单　证	作　用	一式几联	流转过程
提箱单			
设备交接单			
装箱单			

三、出口报关与报检

出口报关企业应在当地海关、检验检疫局注册备案,有进出口经营权和自理报检登记证书。

(一) 准备出口报关所需单证

1. 出口货物报关文件

出口报关文件一般包括外汇核销单、合同、发票、装箱单、报关委托书,以及其他根据货物出口所受海关监管条件限制必须提供的证件,如出口许可证、配额证、商检通关单等。

出口报关需要提供的信息包括:详细货物中文名称、货物件数、毛重、净重、规格(货物尺寸——同种货物的最小尺寸到最大尺寸均可)、材质(材料成分)、品牌、境内货源地(需要办理出口退税的务必要准确)。

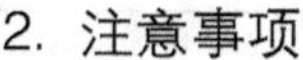

2. 注意事项

① 客户在货物运抵海关监管区后装货的 24 小时之前，备齐海关所需单证向海关申报。

② 必备单证：清单、发票、合同、核销单、报关委托书、船公司装货单等各一份。

③ 按海关税则所规定的各项证件，如通关单、出口许可证等。

④ 有出口手册需提供手册报关。

3. 正式向海关申报

如果出口需缴纳税费，应及时缴纳税费。海关现场审单结束，在货物单证放行后，货主应在海关规定的时间内将货物运至海关监管区内进行验放。如果需查验，报关行应及时与海关联系，进行货物查验，验完后需用船公司指定铅封封闭箱门；不需查验的应及时进行实货放行，将装货单按截关时间送到港区装船。待货物出口，船公司将出口舱单数据传送至海关，报关行待海关数据结关后，及时到海关打印退税核销联。

（二）准备出口报检所需单证

1. 出口报检所需单证

客户应在报关之日前 3 天备齐所需单证，向检验检疫局申报。提供单证包括清单发票、合同、报检委托书、厂检单、纸箱包装单等各一份。

2. 注意事项

① 出口货物到美国、澳大利亚、加拿大、欧盟等外地包装为木制、需要做熏蒸或热处理的，客户所提供的单证为清单、发票、合同、报检委托书。如果熏蒸产品是木制品，还需要提供厂检单。

② 做熏蒸或热处理的产品，客户应在报关前两天将货物运抵指定的堆场或港区进行熏蒸。

出口通关结束，客户需及时到货代公司或报关行缴纳报关报检代垫代办费。

四、提单缮制和签发

（一）海运提单的缮制

1. 海运提单的内容

海运提单的内容分为固定部分和可变部分。固定部分包括海运提单背面的运输契约及提单正面承运人或代理人印就的文字说明，这一部分一般不做更改；可变部分主要包括船名、装运港、件数、质量、体积等内容，这些内容根据运输的货物、运输时间、托运人及收货人的不同而变化。

2. 海运提单的缮制

请根据项目二中所述的提单缮制方法，检查审阅海运提单的填写是否正确，如图 4－6 所示。

1. Shipper Insert Name, Address and Phone
TIANJIN ZHIXUE TRADING CO., LTD.

10. B/L No.
TGFXG000008

中远集装箱运输有限公司
COSCO CONTAINER LINES

COSCO

TLX:33057 COSCO CN
FAX: +86(021) 6545 8984

2. Consignee Insert Name, Address and Phone
TO ORDER

ORIGINAL

Port-to-Port or Combined Transport
BILL OF LADING

3. Notify Party Insert Name, Address and Phone
(It is agreed that no responsibility shall attach to the Carrier or his agents for failure to notify)
SAMYUNG TRADING CO., LTD..
18 VICTORY ROAD, SONNAN DONG, KANGNAM
KU, SEOUL, KOREA

RECEIVED in external apparent good order and condition except as other – Wise noted. The total number of packages or unites stuffed in the container, the description of the goods and the weights shown in this Bill of Lading are furnished by the Merchants, and which the carrier has no reasonable means of checking and is not a part of this Bill of Lading contract. The carrier has Issued the number of Bills of Lading stated below, all of this tenor and date, One of the original Bills of Lading must be surrendered and endorsed or signed against the delivery of the shipment and whereupon any other original Bills of Lading shall be void. The Merchants agree to be bound by the terms and conditions of this Bill of Lading as if each had personally signed this Bill of Lading. SEE clause 4 on the back of this Bill of Lading (Terms continued on the back hereof, please read carefully). * Applicable Only When Document Used as a Combined Transport Bill of Lading.

4. Combined Transport * Pre-carriage by	5. Combined Transport * Place of Receipt
6. Ocean Vessel Voy. No. QING YUN HE V. 0033S	7. Port of Loading XINGANG CHINA
8. Port of Discharge BUSAN KOREA	9. Combined Transport * Place of Delivery

11. Marks & Nos Container / Seal No.	12. No. of Containers or Packages	Description of Goods (If Dangerous Goods, See Clause 20)	Gross Weight Kgs	Measurement
N/M COSU5678787/H5698 /400CTNS/3600KGS/ 25.2M3/CY/CY/20' GP	400 CTNS	S. T. C. 100% COTTON MEN'S T-SHIRT S ~ XXL SIZE FREIGHT PREPAID	3600 KGS	25.2 M3
		Description of Contents for Shipper's Use Only (Not part of This B/L Contract)		

16. Total Number of containers and/or packages (in words)
Subject to Clause 7 Limitation

TOTAL FOUR HUNDRED CARTONS ONLY.

17. Freight & Charges	Revenue Tons	Rate	Per	Prepaid	Collect

Ex. Rate:	Prepaid at	Payable at	18. Place and date of issue TIANJIN MAY 15, 2017
	Total Prepaid	19. No. of Original B(s)/L THREE	20. Signed for the Carrier, COSCO CONTAINER LINES

LADEN ON BOARD THE VESSEL
21. DATE MAY15, 2017 BY THE AGENT OF THE CARRIER

图 4－6　海运提单的缮制

（二）海运提单的签发

我国《海商法》第72条明确规定："货物由承运人接收或者装船后，应托运人的要求，承运人应当签发提单。提单可以由承运人授权的人签发。提单由载货船舶的船长签发的，视为代表承运人签发。"根据这一规定，签发提单的主体包括承运人、承运人的代理人和船长3类。各国有关海上货物运输的法律都规定船长是承运人的当然代理人，不需经承运人的特别授权便可签发提单。但如果提单由承运人的代理人签发，则代理人必须经承运人的合法授权委托。未经授权，代理人是无权签发提单的。提单签发的表示方式如图4－7所示。

提单签发人	表示方式（例）
承运人签发	COSCO as carrier
承运人的代理人签发	ABC Shipping Company as agent for COSCO, Carrier ABC Shipping Company as agent on Behalf of COSCO
船长签发	Smith（本人签字） as master
船长的代理人签发	ABC Shipping Company as agent for Smith, master

图4－7　海运提单的签发方式

五、费用结算

货代在拿到提单后，将运费确认单（见图4－8）发给客户，通知客户付款赎单。

运费确认单

致：天津知学国贸公司　　　　2013－05－10

贵司所配　XINGANG　　/BUSAN

船　名：QING YUN HE　　　　航　次：0033S

提单号：TGFXGOOO008　　　　开船日：2013－05－15

费用明细如下：

费用名称	税前应收	税率%	税后应收	币种
海运费	400.00	6.83	427.32	USD
其他费用	30.00	6.83	32.05	USD
港杂费	260.00	6.83	277 76	RMB
集装箱操作费	25.00	6.83	26.71	RMB
安保费	20.00	6.83	21.37	RMB
THC费	825.00	6.83	881.35	RMB
CAF	300.00	6.83	320.49	RMB
文件费	200.00	6.83	213.66	RMB
电放费	100.00	6.83	106.83	RMB
传输费	100.00	6.83	106.83	RMB
报关费	170.00	6.83	181.61	RMB
装箱费	300.00	6.83	320.49	RMB
陆运费	1 800.00	6.83	1 922.94	RMB
TTS	100.00	6.83	106.83	RMB
紧急成本附	300.00	6.83	320 49	RMB
美元合计	430.00		459.37	
人民币合计	4 500.00		4 807.36	

图4－8　运费确认单

（一）集装箱运费的构成

实现“门到门”的运输服务的集装箱运费的计算公式为：

集装箱运费 = 集装箱海运运费 + 发货地运输费 + 装货港区服务费 + 卸港港区服务费 + 收货地疏运费

（二）集装箱内陆运费计算

1. 有3种计费标准

① 货:以吨为单位计。

② 货:以元/(千克·千米)计。

③ 箱:以箱计运费,单位为元/(箱·千米)。

2. 计费公式

重箱运费 = 重箱运价 × 计费箱数 × 计费里程 + 箱次费 × 计费箱数 + 货物运输其他费用

空箱运费 = 空箱运价 × 计费箱数 × 计费里程 + 箱次费 × 计费箱数 + 货物运输其他费用

（三）集装箱海运运费计算

1）先算出货物毛重和货物体积。

2）查出这批货物的航线及航线费率表。

3）判断按质量计费还是按体积计费。

集装箱海运运费计算公式为：

运费 = 基本运费 + 附加费 = 货物毛重 ×（航线基本费率 + 附加费率）

课后训练

1. 简述整箱业务出口流程,并分组练习。

2. 某公司出口一批货物100箱,每箱体积为25 cm × 20 cm × 20 cm（0.01 m^3），净重13 kg,毛重15 kg(0.015 t)。查该货运价级是10级。按W/M计算运费,每运费吨基本运费为USD200。该航线的燃油附加费为每公吨USD10,另外港口拥挤附加费按基本运费的10%计算。试问该公司应付总运费多少?

项目五

集装箱货运代理中的拼箱出口操作

知识目标

1. 了解海运拼箱出口的基本操作流程。
2. 理解货物运费的计算方式。
3. 了解订舱的概念、分类及方式。
4. 了解船期表的主要内容、订舱的步骤、场站收据的缮制及流转。
5. 了解拼箱基础知识。
6. 了解海运提单的定义、内容及海运提单的填制。

能力目标

1. 沟通和业务表达能力。
2. 能够独立完成国际货运代理海运出口的整个流程操作。
3. 能够缮制和填写国际货运代理所涉及的各种单据。

任务一　认知拼箱业务

随着国际贸易的迅速发展和运输服务的不断延伸，集装箱的拼箱运输被广泛地采用。但拼箱运输不同于整箱运输，它的运输要求有其特殊性、独立性。

因船公司只接受整箱货物的订舱，而不直接接受拼箱货的订舱，所以只有通过货运代理（个别实力雄厚的船公司通过其物流公司）将拼箱货拼整后才能向船公司订舱。几乎所有的拼箱货都是通过货代公司"集中办托，集中分拨"来实现运输的。

一般的货运代理由于货源的局限性，只能集中向几家船公司订舱，很少能满足指定船公司的需求。因为船公司不直接接受拼箱货的订舱，船公司的海运提单是出给货代的，而由货代再签发 HOUSE B/L（货代提单）给发货人，所以拼箱货一般不能接受指定具体船公司。

因此，在成交拼箱货时，尽量不要接受指定船公司的运输条款，以免在办理托运时无法满足要求。在与客户洽谈成交时，应特别注意相关运输条款，以免对方的信用证开出后在办理托运时才发现无法满足运输条款。

一、拼箱概念

拼箱(Less than Container Load,LCL)是指承运人(或代理人)接受货主托运的数量不足整箱的小票货运后,根据货类性质和目的地进行分类整理,把去同一目的地的货集中到一定数量拼装入箱。由于一个箱内有不同货主的货拼装在一起,所以叫拼箱。这种情况在货主托运数量不足装满整箱时采用。不满一整箱的小票货物叫拼箱货,是整箱货的相对用语。拼箱货的分类、整理、集中、装箱(拆箱)、交货等工作均在承运人码头集装箱货运站或内陆集装箱转运站进行。

通常情况下,由承运人分别揽货并在集装箱货运站或内陆站集中,而后将两票或两票以上的货物拼装在一个集装箱内。同样,要在目的地集装箱货运站或内陆站拆箱分别交货。对于这种货物,承运人要负担装箱与拆箱作业,装拆箱费用仍向发货人收取。承运人对拼箱货的责任基本与传统杂货运输相同。

二、拼箱的特点

从实际操作看,拼箱货的承运方式80%以上是站到站,其次是门到门、门到站、站到门。这主要是由拼箱货的性质决定的。

① 不同发货人和收货人货物的集成。这是指拼箱中拼成的整箱是由多个不同的发货人和收货人的货物所组成的。

② 贸易条款和进出口国对各类商品的限制和要求不同。这是指有些商品和货物在出口时没有限制规定,但进口国有。一旦发生此类事情,不但会影响该票货物的通关,还会直接影响到同箱运输的其他货物。

③ 报关、检验等进出口货物的环节上不同。同箱运输的数票货物,如果有一票在通关、检验方面发生问题——包括漏检、漏验项目,则时间上的延误会影响拼成的整箱运输。

④ 单证齐全及货物的一致性。各种单证是否齐全,发收货人及目的港、货物的品名、规格、包装、数量、质量、尺码等都不能产生任何误差。例如,对于质量,要是每一票都有微量超重,就会使得整箱大幅超重,那么轻则给集装箱运输造成困难,重则会发生运输事故。又如,对于尺码,如果每一票都有微量超出,那集成的体积可能就会大于集装箱内的容积而造成货物装不下甚至甩载,进而影响整个集装箱货物的出运。

⑤ 临时变更。从生产地到最后装船启航,贸易商及发货人会不断地检查和核实货物的真实事情,如果发现误差,无论主观还是客观造成的,都会提出修改单证,或者调整货物。因此,专业性的拼箱公司的职责,就是要是在货物装箱前把货物的所有情况都核实清楚,并且还要准确地判断货物到达目的港后可能发生的各种事宜。如果有问题,就要及时与相关方面进行联系,以保证货物的顺利运送。因为拼箱过程中涉及货物票数较多,所以像这样的更改会较整箱货物频繁。

三、拼箱分类

拼箱可以分为直拼或转拼。直拼是指拼箱集装箱内的货物在同一个港口装卸,在货物到达目的港前不拆箱,即货物为同一卸货港。此类拼箱服务运期短,方便快捷,一般有实力的拼箱公司才会提供直拼服务。转拼是指集装箱内不是同一目的港的货物,需要在中途拆箱卸货或转船。此类货物由于目的港不一、待船时间长等因素,故运期较长,甚至运费偏高。

四、拼箱揽活

① 拼箱货一般不能接受指定具体船公司。船公司只接受整箱货物的订舱,而不直接接受拼箱货的订舱,只有通过货运代理(个别实力雄厚的船公司通过其物流公司)将拼箱货拼整后才能向船公司订舱。几乎所有的拼箱货都是通过货代公司集中办托,集中分拨来实现运输的。华东地区的拼箱集散港基本为上海港。一般的货运代理由于货源的局限性,只能集中向几家船公司订舱,很少能满足指定船公司的需求,因此在成交拼箱货时,尽量不要接受指定船公司,以免在办理托运时无法满足要求。

② 在与客户洽谈成交时,应特别注意相关运输条款,以免对方的信用证开出后在办理托运时才发现无法满足运输条款。日常操作中,我们时常遇到 L/C 规定拼箱货运输不接受货运代理的提单。因为船公司不直接接受拼箱货的订舱,船公司的海运提单是出给货代的,而由货代再签发 house B/L 给发货人,如果 L/C 规定不接受货代 B/L,那么实际运输办理时就无选择空间,就会造成 L/C 的不符。又如,我们在办理运输时,发现一份托单注明“Goods must be shipped in container on LCL basis and Bill of Lading to evidence he same and to show that all LCL. handling charges, THC and delivery order charges at thd port of discharges are prepaid.”。从上面这段 L/C 的原文可以看出,收货人将本应由他承担的费用统统转嫁到了发货人身上。这是贸易洽谈时发货人与客户并未就运输条款详细磋商所导致的。

五、拼箱计费

① 拼箱货的计费吨力求做到准确。拼箱货在交货前,应要求工厂对货物质量和尺码的测量要尽可能地准确;送货到货代指定的仓库存放时,仓库一般会重新测量,并会以重新测量的尺码及质量为收费标准。如果遇到工厂更改包装,应要求工厂及时通知,不要等到货送到货代仓库时,通过货代将信息反馈回来。这样时间很紧张,再更改报关单据,很容易耽误报关,易产生加急报关费和冲港费等。

② 有些港口因拼箱货源不足、成本偏高等原因,专做拼箱的货代公司对货量较少的货物采取最低收费标准,如最低起算为 2 个运费吨,即不足 2 个运费吨一律按 2 个运费吨计价收费。因此,对货量较小,港口较偏的货物在成交时要多考虑到一些这样的因素,以免日后被动。

③ 对于一些航线及港口较偏僻,并且客户提出要交货到内陆点的拼箱货物,成交签约

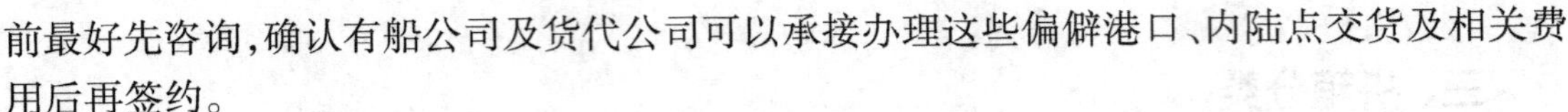

前最好先咨询，确认有船公司及货代公司可以承接办理这些偏僻港口、内陆点交货及相关费用后再签约。

课后训练

举出3种货物，说明哪些货物一般适合集装箱运输，哪些货物既可以采用集装箱运输也可以采用拼箱运输，哪些货物必须采用拼箱运输。

任务二　认知拼箱业务流程

一、拼箱业务流程(见图5-1)

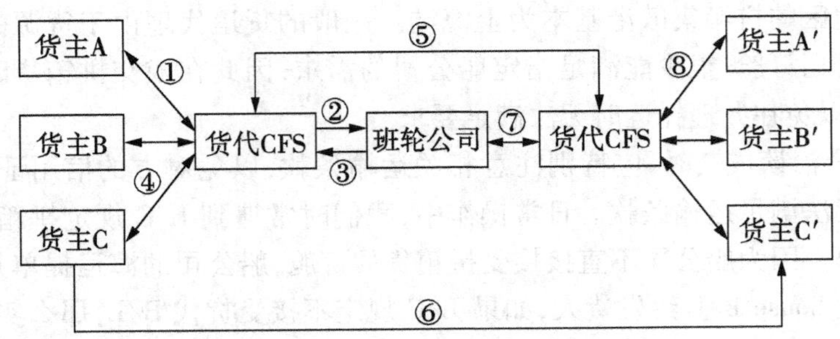

图5-1　拼箱货业务流程图

① A、B、C等不同货主(发货人)将不足一个集装箱的货物(LCL)交拼箱经营人。

② 拼箱经营人将拼箱货物拼装成整箱后，向班轮公司办理整箱货物运输。

③ 整箱货装船后，班轮公司签发B/L或其他单据(如海运单)给拼箱经营人。

④ 拼箱经营人在货物装船后也签发自己的提单(house B/L)给每一个货主(发货人)。

⑤ 拼箱经营人将货物装船机、舶预计抵达卸货港时间等信息告知其卸货港的机构(代理人)。同时，还应将班轮公司B/L及house B/L的复印件等单据交卸货港代理人，以便向班轮公司提货和向收货人交付货物。

⑥ 货主之间办理包括house B/L在内的有关单证的交接。

⑦ 拼箱经营人在卸货港的代理人凭班轮公司的提单提取整箱货。

⑧ 货主A′、B′、C′等凭house B/L在CFS提取拼箱货。

知识链接

拼箱货(LCL)交接方式及责任划分

① 拼箱货交接方式：LCL-LCL。

② 拼箱货交接地点:CFS/CFS、CFS/DOOR、DOOR/DOOR、DOOR/CFS。

③ 当事人责任划分。

- 货代。拼箱货代负责装箱、计数、铅封,其国外代理人负责拆箱、卸箱。在箱体和铅封完好状况下,对货损、货差负责。
- 托运人。托运人保证货物交接时完好。
- 承运人。承运人保证箱体和铅封完好状况下接、交货。
- 收货人。收货人按提单提货。发生货损、货差时,收货人可根据具体情况,向拼箱货代及其代理人、托运人索赔。

二、拼箱业务中的3个主要当事人

① 发货人(货主、出口厂、进出口公司)。

② 货运代理公司(或拼箱公司,经营拼箱业务)。

③ 船公司。

三、拼箱业务操作流程及单证流转

(一) 客户订舱

发货人把托运单传给货运代理,写明整箱还是拼箱;客户提供货名、包装类别、数量、质量、体积、目的港等资料。如果被委托方无法接受或满足委托书上的某些要求,被委托方要及时做出反应,以免耽误船期。

(二) 货代订舱,船公司订舱确认

1. 货代订舱

发货人根据贸易合同或信用证条款的规定,在货物托运之前一定时间(最迟在船舶到港前5天)内,填制集装箱货物订舱单,向船公司或其代理人,或者经营运输的其他人申请订舱。

订舱单(也称托运单、委托书)是发货人向船公司或其代理人,或经营运输的其他人提出托运的单证,一经承运人签证确认,即成为承、托双方订舱的凭证。

2. 订舱单的内容

① 收货人、通知人、商品名称(中英文)、唛头、件数、包装、毛重、尺码、起运港、目的港、中转港、装运期限、配载要求、货物交运日期及交运方式、可否分批装运;集装箱类别、数量及装箱或提箱要求;运费结算方式(预付、到付金额)。

② 其他特殊事项。例如,危险品、冷冻货的特殊说明。

③ 提单记载事项。提单发货人、收货人、通知人、正本份数及信用证要求。

3. 接受托运申请

船公司或船代接受托运申请后,编制订舱确认单给货运代理,货运代理据此办理排载及

提箱事宜。

集装箱出口货物托运十联单如下。

第一联　集装箱货物托运单(B/N,货主留底)。

第二联　集装箱货物托运单(船代留底)。

第三联　运费通知(1)。

第四联　运费通知(2)。

第五联　场站收据(装货单,S/O)。

第六联　大副联(场站收据副本)。

第七联　场站收据正本(大副收据,D/R)。

注意,第五至七联报关用,同意出口即在S/O上加盖放行章。

第八联　货代留底。

第九联　配舱回单(1)。

第十联　配舱回单(2)。

(三)通知并安排货物入仓(见图5-2)

送货通知

TO:________________公司　ATTN:________________

FM:________________　DATE:________________

请安排车于____________　将货物送至________________

货物情况:____托/____KGS/____CBM ________________

地址:____

电话:____

一定务必要求司机戴帽子,若没有,不让进场。

天津天青国际货运代理有限公司

2017-8-16

图5-2　送货通知

① 货代订下船舱位后,根据船泊港情况,制作拼箱货物入仓单,并传真一张进仓图给发货人,发货人再转交给发车司机。发车司机必须在进仓图上注明的时间以前到达海关监管仓库(拼箱仓库、集装箱货运站)。

② 拼箱货物入仓单注明编号并写明该拼箱货物的目的港、指定仓库的地图及联系方式、收货结单时间、报关所需资料、注意事项等内容。

③ 货物入仓时必须凭拼箱货物入仓单。

④ 如果发货人自己负责送货入仓,则传真拼箱货物入仓单及存仓委托书给发货人,由发货人自行拉货到海关监管仓库进行拼柜。如果代拖,则将拼箱货物入仓单传真给与拼箱公司有协议的拖车行,并将装货拖车的车牌号、司机姓名和联系电话等信息告之客户。

⑤ 按照要求,拼箱货物包装上必须印刷有清晰的唛头。

⑥ 入仓前需交齐填写完整的报关资料,否则仓库不予收货。

（四）在仓报关

拼箱货入仓后安排报关，可以货主自报，也可以委托货代或拼箱公司代报，各地情况有所不同。例如，深圳监管仓库的拼箱不能由货主自报，必须将填写完整的报关资料在货物入仓前及时交仓库方面代报。

① 一般情况下，发货人提供的报关资料包括发票、装箱清单、报关委托书和核销单等。

② 报关时间应在船开前 2 天至 3 天。

③ 报关行凭发货人提供的资料，先打出报关单，并进行报关单预录入。申报数据录入计算机，海关接收到后，才可以向海关正式递交相关报关单证。

④ 整个报关过程需要半个到一个工作日。

如果出口商品为国家规定需要做商检的物品，则需要发货人提供有关报检换单的相关单证——需提供发货人的发票、装箱单、销售合同，以及柜检单、报检委托书和一份已盖完进场章的排载单复制文件，委托报关行办理换通关单手续。报关时，报关单必须与报关资料一起递交海关。

遇到换通关单商检查验时（技术查验、随机查验），必须通过报关行到商检局预约查验。被查验的货物不需要进码头，只需货物装柜完毕，由现场直接带商检局的验货人到现场查验就可以了。此时的查验主要针对的是货物的包装性能和生产批号。查验通过后，就可以换出通关单据。

（五）出仓装柜

所有货物均入库报关放行后，拼箱公司制作出仓单给仓库通知装柜。同时，安排可转关车辆提柜在指定的时间到仓库装柜，将司机本、司机纸等资料交到仓库。仓库按指示在配载装箱完毕后，打印出库装箱清单，连同司机本及其他所有报关资料交仓库直属海关申报后，拖车司机交柜到出口口岸码头，然后由拼箱公司或其指定的报关行向出口口岸直属海关进行转关申报。也有一些地方采用“先拼箱，在报关”的模式，拼箱后由拼箱人统一报关。

（六）整柜海运

出口港海关放行后，码头根据装船计划将集装箱装船，通过海上运输将集装箱运至卸货港。货物出运后，货代应提供目的港代理资料、二程预配信息给托运人，托运人可根据相关资料联系目的港清关提货事宜。

（七）提单签发

船公司签发提单给货代或拼箱公司，货代或拼箱公司根据发货人的装箱单分别签发相对应的货代提单（house B/L、分提单、货代或拼箱公司自己的提单）交付给每一个发货人。

（八）收付款和放货

针对船期较长的货物，一般在开船后第二天可以收到船公司的账单，客服核对无误后通知船公司开具发票，同时出付款通知单给客户收款。收到客户水单后，客服会邮件通知财务查款到账情况，收到财务通知款到账后安排付款给船公司，以便及时安排放货给代理。

知识链接

费用缩写

DTS——Container Detention Charge：货柜延期费，就是在目的港卸货的时候超过了时限。

THC——Terminal Handling Charge：码头作业费。

DHC——Document Handling Charge：文件操作费。

CIC——Container Inbalance Charge：集装箱不平衡附加费。

EBS——Emerent Bunker Surchanges：海运紧急燃油附加费。

EWS 恶劣天气附加费。

CAF——Currency Adjustment Factor：币值附加费。

DGM——Dangerous Goods Management：危险品认证。

AMS——Automatic Manifest Sygtem：自动舱单系统录入费。这是美加航线特有的，为了防止类似"9·11"事件发生的意外，进口到美国、加拿大的货物提单上收发货人所有的信息必须是真实的，通过 AMS 系统报送统一收取 25 美元。

PTC——Port Security Charge：港口安全附加费。一般欧洲线目的港会收取。

ORC——Origin Receiving Charge：直接收货附加费。

课后训练

请用思维导图绘制集装箱拼箱货流程图并简要叙述操作步骤。

任务三　认知拼箱出口操作业务

某货运代理企业 A 接到一票出口（数量较少）海运货物的到货通知，要求它们来完成出口货物的出口操作和相关的海关手续。业务员 J 接受了该任务，J 该怎样按照客户的需要完成具体工作呢？

根据客户的需求，制订装船计划，并熟悉每一个海运出口流程。

一、设计A货代公司货物的拼箱出口作业流程图(见图5-3)

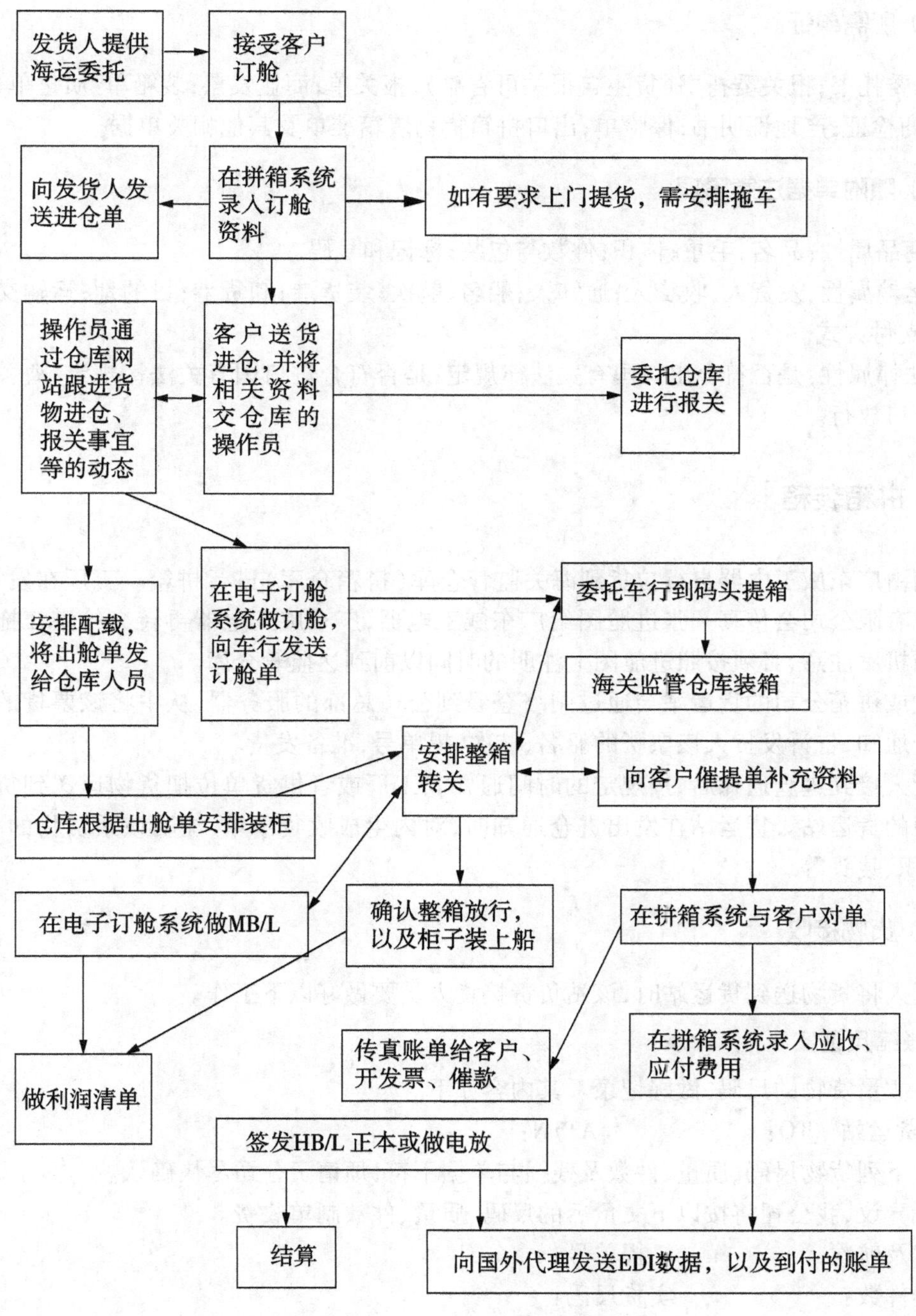

图5-3 拼箱出口作业流程图

二、准备单据

（一）所需单证

订舱委托书；报关委托书（货主自报关可省略）；报关单；商业发票；装箱单、质量单；出口许可证；商检证；产地证明书；保险单；出口拼箱货物装箱准单及其他相关单据。

（二）随附单据注意事项

① 商品属性：品名；毛重；体积；件数与包装；标记和号码。

② 运输属性：发货人；收货人；通知人；船名、航次；装货港；卸货港；目的地；运输交接方式；运费支付方式。

③ 法律属性：是否符合出口国有关法律规定；是否符合进口国有关法律规定；海关是否已同意出口放行。

三、拼箱装箱

拼箱由广东威王电器自行拉货到海关监管仓库（拼箱仓库）进行拼箱。工厂在发货前，中远物流有限公司会传真一张进舱图给广东威王电器，广东威王电器再转交给湛江拖车公司发车司机。注意，必须按照进舱图上注明的时间以前到达监管仓库。

货代或拼箱公司的货运站会通过网络登录到公司总部的服务器，从中将该票货的信息生成进仓通知，告诉发货人该票货的船名、航次、提单号，准备发货。

发货人接到进仓通知后，按规定的时间通知其工厂或者供货单位把货物运送到货代或拼箱公司的货运站。货运站在发出进仓通知时，对内生成收货清单，注明该票货物的品名、质量、体积、唛头等。

（一）货物接收

发货人将货物送到货运站时，该站负责接货人员要做好以下工作。

1. 涨缩尺证实

逐件丈量货物的尺码，做好记录。其内容如下。

XX 货运站　TO：　　　　　　　ATTN：

现有下列货物尺码、质量、件数及残损与单据不符，烦请贵公司尽快确认。

如无异议，我公司将按以下丈量后的尺码、质量、件数制单收费。

船名及航次：　　　　提单号：

单据件数：　　　　　实货尺码：

实货件数：　　　　　单据质量：

实货重量：　　　　　唛头：　　　　残损情况：　　　　单据尺码：

送货单位：　　　　　打尺人签名：

特此证实！

姓名：　　　　　　　电话：

车号：　　　　　　　传真：

2. 称重证实

逐件称重，做好记录。其内容如下。

XX 货运站　TO：　　　　　　ATTN：

现有下列货物尺码、质量、件数及残损与单据不符，烦请贵公司尽快确认。如无异议，我公司将按以下丈量后的尺码、质量、件数制单收费。

船名及航次：　　　　　　提单号：

单据件数：　　　　　　　实货质量：

实货件数：　　　　　　　单据尺码：

实货尺码：　　　　　　　唛头：　　　　　残损情况：　　　　　单据重量：

送货单位：　　　　　　　打尺人签名：

特此证实！

姓名：　　　　　　　　　电话：

车号：　　　　　　　　　传真：

3. 唛头确认单

核实唛头是否正确。其内容如下。

实货唛头确认单

TO：　　　　　　　　　　日期：

船名/航次：　　　　　　　单据件数：

提单号：　　　　　　　　实货件数：

实货唛头：　　　　　　　XX 签字：

4. 到货记录

记录货物的包装是否完好，有无破损，是否按时到达等情况。

以上 4 种证实确认单据要在送货人在场时进行。核实完毕后，由经办人和送货人双方签字。

5. 报送

将上述信息汇总成表格，报送公司业务部负责该航线的人员。如果有误差，该航线负责职员要迅速与发货人取得联系，并将处理意见及改正措施通知货运站。

（二）仓库存放

一般情况下，拼箱货物要在货运站仓库短期存放。其工作程序如下。

1）要对破损包装进行更换和修整，达到适于集装箱运输的要求。同时，对唛头的错误经货主确认后，重新印刷。

2）把不同货主拼成一个集装箱的货物堆在一个区里，以便于装箱。同时，还要核实是 20 ft 箱、40 ft 箱，还是 40′高箱。

3）货物之间要用隔板，避免包装破损及唛头损伤。同时，要留意防污、防湿。

4）正确判定包装强度，堆码高度适度，重货低放，轻货高码。

5）在给集装箱公司的收货回执中，要注明件数、送货日期、船名、提单号、残损情况等。

（三）货物装箱

在装箱时应留意以下几点。

① 确保货物不超重，以保证集装箱装卸及海上运输的安全。箱内货物的质量分布要均衡，不能使负荷在局部过轻或过重，以防止箱底变形及脱箱。

② 货物在箱内的码放要整洁，尽量不留空隙，以免货物在运输中相互碰撞导致包装损坏。

③ 如果需木料支撑及垫料分离，则要确保其清洁、干燥、无污染。装箱完毕后，箱内货物的件数、提单号、唛头等信息以外轮现货单为终极依据，货运站相关职员要将装箱情况及库房存货数目等报船公司，以确保信息和数字的正确无误。

小知识

现实中，只要用纸箱包装，特别是服装产品，一旦装箱，肯定与纸箱上标明的长、宽、高不一样。例如，10 m^3 的货物要多出 1～2 CBM，甚至更多。这样，表面看来货主理亏，但到现场一看，则截然不同。当货物装箱打包后，往往是中间高出一块，有 1～2 cm 不等，就一个纸箱来说是高了。但是，集装箱不是用一个纸箱来装满的，而是用几十个、几百个纸箱来装箱的，纸箱在集装箱内是一个压一个的，由于自重，下面的纸箱凸起部分被上面的几个箱压平了，5 个或 10 个箱子叠起来的高度，并不等于被丈量的每个纸箱高度的总和。有的货代辩解说，上面的几个箱子怎么处理？在实际操作中，可在装上面几箱时，先在下面用脚踩一下，在它还不及反弹之前快速装上去。如果不深入实际，不亲自操作，就不会发现还有这样的误差，外贸公司的正当利益就会受到侵害。

四、报关报检

（一）报关操作

1. 单证是否准备齐全

托运人准备的单证包括：发票、装箱清单、报关委托书和核销单等。

报关单位的单证包括：缮制报关单并加盖报关专用章。

2. 报关流程

（1）出口报关流程图（见图 5－4）

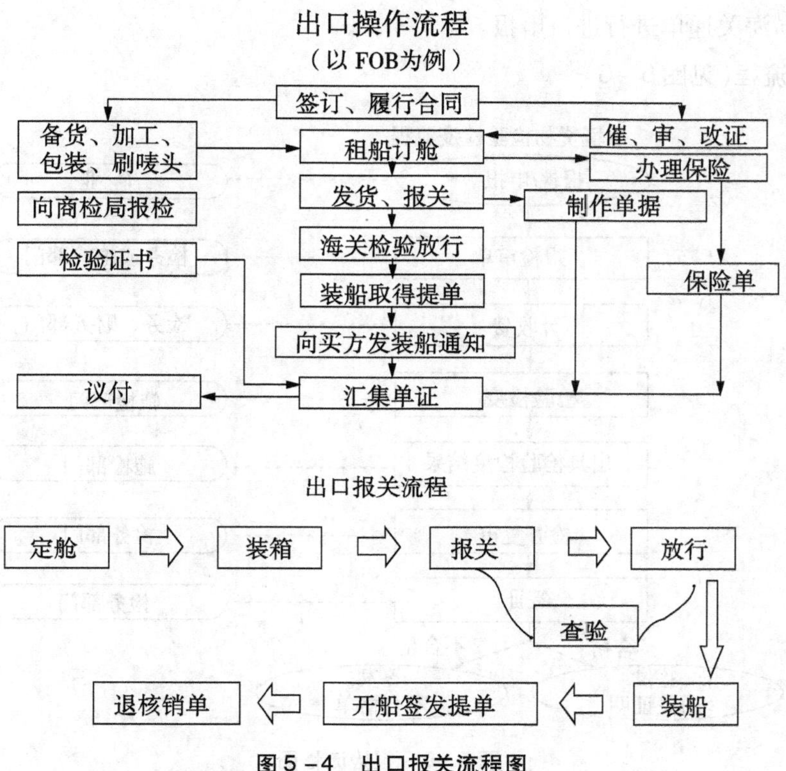

图5－4　出口报关流程图

(2) 报关注意事项

① 在航运旺季时，如遇船舶超载，应提前办理申报手续。船公司通常都会超额接受一些货主的订舱，因而届时肯定会有个别货主的货无法在该航次装船，而被搁在码头。像这种船公司接受订舱，在装船环节箱子被落下的现象，俗称为被船公司"甩柜"。

② 注意海关截单时间（最好提前1天半）。

③ 排载单资料与报关资料相符。

④ 一票多箱时，清单必须注明每箱装货明细。

⑤ 注明货源地。

⑥ 核销单必须有电子数据（由客户输入）。

⑦ 专利产品必须有授权书。

⑧ 鞋子必须注明面料（布面、皮面等）。

⑨ 其他事项。例如，通关单、许可证。如果是转关货物，还需将司机手册、海关关封、报关委托书送报关行，并要求重箱及时送码头，以便报关行及时办理转关手续。

(二) 报检操作

1. 报检所需单据

箱单、发票、合同复印件、报检委托书（正本）、作检单位商检注册号。报检的箱单、发票可为复本，报检完毕后出通关单或者换证凭条（为货主在当地作检，在青岛口岸需换通关单）或换证凭单（为货主在当地作检后提供，但需先打出报检单，到商检局换单），然后与其他报关单据一起向海关递单进行进口申报。

2. 报检流程(见图5－5)

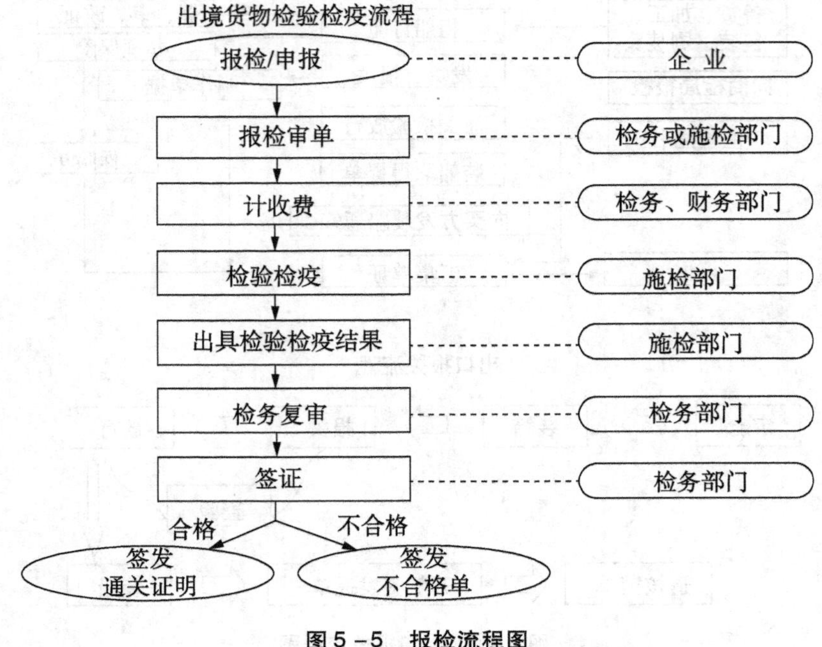

图5－5 报检流程图

① 商检机构受理报验。首先由报验人填写出口检验申请书,并提供有关的单证和资料,如外贸合同、信用证、厂检结果单正本等。商检机构在审查上述单证符合要求后,受理该批商品的报验。如果发现有不合要求的地方,可要求申请人补充或修改有关条款。

② 抽样。由商检机构派员主持进行,根据不同的货物形态,采取随机取样方式抽取样品。报验人应提供存货地点情况,并配合商检人员做好抽样工作。

③ 检验检疫。部门可以使用从感官到化学分析、仪器分析等各种技术手段对出口商品进行检验,检验的形式有商检自验、共同检验、驻厂检验和产地检验。

④ 签发证书。商检机构对检验合格的商品签发检验证书,或者在出口货物报关单上加盖放行章。出口企业在取得检验证书或放行通知单后,在规定的有效期内报运出口。

五、提单签发

每一票拼箱货物的数量通常都较少,在装货时是由发货人交到拼箱公司的集装箱货运站,由集装箱货运站负责装箱和计数的。经营集装箱拼箱业务的企业一般都是无船承运业务的经营者,他签发给托运人的都是无船承运人提单。拼箱的集装箱内所装的货物涉及多个发货人和多个收货人,集装箱由拼箱公司负责作为整箱货向班轮公司订舱,办理各项运输业务,并取得由班轮公司签发的主提单。

1. 简述拼箱业务出口流程,并分组练习。

2. 某出口公司接到一份信用证,目的港是 DUBAI,要求走整箱,船为 MAERK、YML 等。但是,当该出口公司看到实际货物不足 28 m^3 时,就走了拼箱,当签好货代单后送银行,银行说提单上一定要有 MAERSK/YML LINES 字样。试问:该出口公司犯了什么错误?

项目六 货代操作实训

知识目标

1. 了解班轮运输的基本知识;掌握班轮货运程序和集装箱班轮货运流程与单证;班轮货运的流程和涉及的主体及主要单证;掌握海运提单的作用。

2. 了解和掌握班轮提单的种类、内容及使用;了解《国际海上货物运输公约》与我国《海商法》;熟悉和了解保税货物进出口报关程序;掌握海运单的有关内容。

3. 了解班轮运价的基本知识与定价原理;掌握班轮运费的计算,能看懂班轮运价表和运价指数,能计算简单的班轮运价。

能力目标

1. 能分析贸易合同中对订舱和货运安排的要求;能分析运输的最佳路线;能选择是班轮运输还是租船运输;能合理安排运输的装船的时间和地点;能准确地计算运输的各种费用。

2. 能缮制报关单;缮制海运提单和托运单。

3. 能分析贸易合同;能分析信用证;能根据贸易合同和跟单信用证国际惯例进行各种议付的单据的流转;能发现各种议付的单据的流转缺陷并及时进行处理。

综合实训一

工作任务1:揽货接受客户询价

任务要求

分析合同装运条款并报价,在 http://www.jctrans.com/yj.htm 或 http://www.shippingchina.com/上查找合适的运价进行报价。

操作步骤

一、分析合同装运条款

① 分析装运港、目的港、分批转船条款。

PORT OF SHIPMENT :Shanghai

PORT OF DESTINATION:Barcelona

② 分析装运期。

TIME OF SHIPMENT:Within 45 days after receipt of L/C and not later than Apr. 15,2005 with transshipment and partial allowed.

③ 分析合同包装条款。

PACKING: To be packed in cartons, total 304 cartons(100% cotton overalls: 30pcs/ctn; 100% cotton shirts:120pcs/ctn; 100% cotton singlets:300pcs/ctn.).

二、确定出口货物所需的货柜类型及个数

三、在 http://www.jctrans.com/yj.htm 或 http://www.shippingchina.com/上查找合适的运价进行报价

工作任务2:订舱

任务要求

① 正确填写出口货运委托书,如图6-1所示。

海运出口货物代运委托单

委托单位:　　　　　　　　　　　　　　　　　　　　　　代运编号:

<table>
<tr><td>装运港</td><td>目的港</td><td>合同号</td><td colspan="2">国别</td><td>委托单位编号</td></tr>
<tr><td></td><td></td><td></td><td colspan="2"></td><td></td></tr>
<tr><td>唛头标记及号码</td><td>件数及包装式样</td><td>货名规格及型号</td><td colspan="2">质量/kg</td><td>尺码/m^3</td></tr>
<tr><td rowspan="2"></td><td rowspan="2"></td><td rowspan="2"></td><td>毛重</td><td>(ABT)</td><td>总体积:</td></tr>
<tr><td>净重</td><td>(ABT)</td><td>单件:
(尺码不一时须另附表)
长　宽　高</td></tr>
<tr><td colspan="5">托运人(英文)
SHIPPER:</td><td>需要提单正本　份
副本　份</td></tr>
<tr><td colspan="5">收货人(提单抬头)
CONSIGNEE:</td><td>信用证号:</td></tr>
<tr><td colspan="5">通知人(英文)
NOTIFY:</td><td>装期:
效期:
可否转运:
可否分批:</td></tr>
<tr><td colspan="5">代发装船电报的电挂;地址(英文):</td><td>运费支付:
FREIGHT PREPAID</td></tr>
</table>

图6-1　海运出口货物代运委托单

<table>
<tr><td colspan="2">特约事项：
NOTIFY APPLICANT</td><td>出口货物报单　份
随发票　份
附装箱单(重量单)　份
尺码单　份
信用证副本　份
商检证　份
出口许可证　份</td></tr>
<tr><td>装船情况</td><td>船名　航次　装出日期　提单号</td><td>货物情况：</td></tr>
</table>

我司联系人：　TEL：　FAX：

图6－1(续)

② 查找合适的船期。

③ 根据选定的船期填写场站收据十联单第五联，如图6－2所示。

场站收据(装货单)(S/O)
十联单第五联

<table>
<tr><td colspan="3">SHIPPER</td><td colspan="2">D/R NO.</td><td>抬头</td></tr>
<tr><td colspan="3">CONSIGNEE</td><td colspan="3">装货单</td></tr>
<tr><td colspan="3">NOTIFY PARTY</td><td colspan="2">场站收据副本</td><td>第
五
联</td></tr>
<tr><td colspan="3">PRE-CARRIAGE BY XXXX PLACE OF RECEIPT</td><td colspan="3"></td></tr>
<tr><td colspan="3">OCEAN VESSEL VOY. NO. PORT OF LOADING</td><td colspan="3"></td></tr>
<tr><td colspan="3">PORT OF DISCHARGE PLACE OF DELIVERY</td><td colspan="3">FINAL DESTINATION FOR THE MERCHANT'S RETERENCE</td></tr>
<tr><td>CONTAINER NO.</td><td>SEAL NO.</td><td>NO. OF CONTAINERS OR PKGS</td><td>KIND OF PACKAGES; DESCRIPTION OF GOODS</td><td>GROSSWEIGHT</td><td>MEASUREMENT</td></tr>
<tr><td colspan="2">TOTAL NUMBER OF CONTAINERS OR PACKAGES(IN WORDS)</td><td></td><td colspan="3">SAY ________ ONLY</td></tr>
<tr><td colspan="2" rowspan="2">CONTAINER NO.</td><td rowspan="2">SEAL NO.</td><td rowspan="2">PKGS</td><td colspan="2">CONTAINER NO. SEAL NO. PKGS</td></tr>
<tr><td colspan="2">RECEIVED CCCCCCCBY TERMINAL</td></tr>
<tr><td colspan="2" rowspan="2">FREIGHT & CHARGE</td><td>PREPAID AT</td><td>PAYABLE AT</td><td colspan="2">PLACE OF ISSUE</td></tr>
<tr><td>TOTAL PREPAID</td><td>NO. OF ORIGINAL B/L THREE</td><td colspan="2"></td></tr>
</table>

图6－2　场站收据十联单第五联

工作任务3：做箱

任务要求

① 正确使用集装箱设备交接单。

② 编制装箱计划。

- 确定所需的柜型及货柜数量，写出计算过程。
- 确定安排提空柜的时间及货柜返场的时间。

③ 确填制装箱单(CLP)，如图6－3所示。

Reefer Temperature Required 冷藏温度			
Class 等级	IMDG Page 危规页码	UN NO. 联合国编号	Flash point 闪点

CONTAINER LOAD PLA

装箱单

中远集装箱运输有限公司

DOSCO CONTAINER LINES

Terminal's copy

码头联

Ship's Namenoy No. 船名/航次	Port of Loading 装港	Port of Discharge 卸港	Place of Delivery 交货地	SHIPPERS/PACKERS DECLARATIONS: Ww hereby declare that the container has been thoroughty cleaned without any evidence of cargoes of previous shipment prior to-banning and cargoes has been propertystuffed and secured.		
Container No. 箱号	Bill of loading No. 提单号	Packages & Packing 件数与包装	Gross Weight 毛重	Measurements 尺码	Description of Goods 货名	Mark&Numbers 唛头
	提单号					
Seal No. 封号						
Cont. size 箱型 20' 30' 40' ／ Cont. type 箱类 GP＝普通箱 TK＝油罐箱 RF＝冷藏箱 PF＝平板箱 OT＝开顶箱 HC＝高箱 FR＝框架箱 HT＝挂衣箱						
ISO Code For Container Size/Type. 箱型/箱类 ISO 标准代码						
Packer's Name/Address 装箱人名称/地址 Tel NO. 电话号码						
Packing Date. 装箱日期	Received By drayman 驾驶员签收及车号	Total packages 总件数	Total Cargo Wt 总货重	Total Meas 总尺码	Remarks:备注	
Packed By:装箱人签名	Received By Terminals/Date of Receipt 码头收箱签收和收箱日期		Cont. Tare Wt 集装箱皮重	Cgo/Cont Total Wt 货/箱总质量		

图6－3 装箱单

例 有一批用出口纸箱包装的T恤，纸箱的尺寸为58 cm×38 cm×42 cm，试计算40 ft集装箱可装的最大纸箱数。（假设某40 ft集装箱的箱内尺寸是11.80 m×2.35 m×

2.38 m)

考虑到纸箱在集装箱内有多种不同的放置方法,如:

方法一

集装箱内尺寸	11.80 m×2.35 m×2.38 m
纸箱在集装箱内的对应位置	0.58　0.38　0.42
共可装箱	20.34 箱　6.18 箱　5.66 箱

共计可装600 箱,体积为55.54 m^3。

方法二

集装箱内尺寸	11.80 m×2.35 m×2.38 m
纸装箱在集装箱内的对应位置	0.38　0.58　0.42
共可装箱	31.05 箱　4.05 箱　5.66 箱

共计可装620 箱,体积为57.39 m^3。

方法三

集装箱尺寸	11.80 m×2.35 m×2.38 m
纸箱在集装箱内的对应位置	0.42　0.58　0.38
共可装箱	28.14 箱　4.05 箱　6.26 箱

共计可装672 箱,体积为62.20 m^3。

结论:通过计算,显然方法三是最佳的装箱方法。

工作任务4:提单签发

(一) 填写提单(见图6-4)

(二) 根据提单分析问题

① 如果船公司签发了不清洁提单,那么如何将不清洁提单换成清洁提单?凭保函换清洁提单这种做法对相关当事人有何风险?

② 如果托运人要求将提单签发日提前,那么这种提单叫什么提单?船公司签发这种提单有何危害?

③ 如果改签海运提单,其操作流程是怎样的?

④ 如果改用电放提单,其操作过程是怎样的?要注意哪些问题?

1. Shipper Insert Name, Address and Phone

B/L No. ××××××

船公司名称

2. Consignee Insert Name, Address and Phone

Port-to-Port or Combined Transport

BILL OF LADING

RECEIVED in external apparent good order and condition except as other – Wise noted. The total number of packages or unites stuffed in the container, The description of the goods and the weights shown in this Bill of Lading are furnished by the Merchants, and which the carrier has no reasonable means of checking and is not a part of this Bill of Lading contract. The carrier has issued the number of Bills of Lading stated below, all of this tenor and date, One of the original Bills of Lading must be surrendered and endorsed or signed against-the delivery of the shipment and whereupon any other original bills of Lading shall be void. The Merchants agree to be bound by the terms and conditions of this Bill of Lading as if each had personally signed this Bill of Lading. SEE clause 4 on the back of this Bill of Lading(Terms continued on the back hereof, please read carefully). * Applicable Only When Document Used as a Combined Transport Bill of Lading.

3. Notify Party Insert Name, Address and Phone
(It is agreed that no responsibility shall attsch to the Carrier or his agents for failure to notify)

4. Combined Transport * Pre-carriage by	5. Combined Transport * Place of Receipt
6. Ocean Vessel Voy. No.	7. Port of Loading
8. Port of Discharge	9. Combined Transport * Place of Delivery

Marks & Nos. Container / Seal No.	No. ofContainers or Packages	Description of Goods(If Dangerous Goods, See Clause 20)	Gross Weight Kgs	Measurement
		Description of Contents for Shipper' s Use Only(Not part of This B/L Contract)		

10. Total Number of containers and/or packages(in words).
Subject to Clause 7 Limitation

11. Freight & Charges Declared Value Charge	Revenue Tons	Rate	Per	Prepaid	Collect

Ex. Rate:	Prepaid at	Payable at	Place and date of issue
	Total Prepaid	No. of Original B(s)/L	Signed for the Carrier, COSCO CONTAINER LINES * * * *

LADEN ON BOARD THE VESSEL,
DATE　　　　　　　BY COSCO CONTAINER LINES

图6－4　提单

综合实训二

实训1:集装箱货物海运出口货代实务模拟

实训目的

① 熟悉集装箱货物海运出口货代业务的程序和步骤。

② 培养学生搜集信息的能力。

③ 培养学生的沟通能力和团队精神。

实训内容

根据所给材料,模拟集装箱货物海运出口货代实务。

2016年11月1日,南京艾美特进出口有限公司与美国洛杉矶IMPACT贸易公司签订了一份买卖合同:12000YDS COTTON SHEETING AT USD16.00/YD CIF LOS ANGELES,40YDS IN ONE BALE,ONE BALE PACKED INK ONE PLASHTIC BAG, WITH GROSS WEIGHT 36KGS/BALE,NET WEIGHT 34KGS/BALE AND MEASUREMENT 82 24 26CM/BALE。使用信用证交易,开证期为2017年2月,装运期为2017年4月(实训时,修改为下月月底。例如,实训活动当年6月2日进行,则装运期为当年7月);货物采用集装箱运输;凭清洁已装船提单、保单(承保一切险,加保战争险)、商业发票结汇,凭装箱单、原产地证书、即期商业汇票议付。

实训要求

① 上述材料的未尽事宜,由学生自己发挥想象。

② 所查询的船期信息必须是真实的。

③ 本实训暂不考查学生对单证的掌握,所有业务以口头形式进行。

④ 在正式模拟之前,各组学生应做好充分准备,将可能发生的情况都考虑到。

⑤ 对于台下观众来说,通过对台上模拟过程的观摩,对集装箱货物海运出口货代业务的整套过程有一个清楚的认识。

实训课时

2课时。

实训步骤

1)将班级学生分成5组:A组代表出口商、进口商;B组代表货运代理公司;C组代表船代公司;D组代表集装箱码头;E组代表海关、检验检疫、保险公司、银行、集装箱卡车公司等其他单位。

2)各组成员仔细阅读和分析所给的材料,同时查阅相关资料,深入了解自己在本票货物出口手续中要承担的角色和工作。

3)在教师的指导下,各组分别派2名代表上台,彼此沟通和交流,完成模拟过程。

4)模拟完毕,台下任何同学均可提问,了解其中细节。

5）教师点评和总结。

检查标准

被考评人					
考评地点					
考评内容	海运运输货运代理业务技能训练				
考评标准	内　容	分值	自我评价	小组评价	实际得分
	小组讨论是否积极参与	25			
	各组材料准备的充分程度	25			
	模拟的业务流程是否准确	25			
	学生回答提问情况	25			
	合　计				

实训2：货运单证的填制

实训目的

① 熟悉合同的相关条款。

② 掌握出口货物装货单、报检单、报关单、场站收据、设备交接单的内容和填制。

③ 培养学生的自学能力和应用能力。

实训内容

根据下列所提供的销售合同的主要内容及有关制单资料，填制集装箱海运代理过程中涉及的相关单证。

销售合同

SALES CONTRACT

Sellers：SHANGHAI IMPORT & EXPORT TRADING CORP.　　S/C No.：GW08043

Address：ZHONGSHAN ROAD 50，SHANGHAI P. R. CHINA　　Date：2015 – 9 – 22

Buyers：DESUN IMPORT & EXPORT COR.

Address：LANDING BUILDING 1201，SEOUL，KOREA

This sales contract is made by and between the sellers and the buyers，whereby the sellers agree to sell and the buyers agree to buy the under – mentioned goods according to the terms and conditions stipulated below：

(1) Name of commodity and specification	(2) Quantity	(3) Unit	(4) Unit price	(5) Amount
CUSHION COVER			CIF SEOUL	
45 ×45CMS 55 ×55CMS	15000 25000	PC	USD 2. 00/PC USD 3. 50/PC	USD 30000 USD 87500
Total	40000	PC		USD 117500

6) Packing: CARTON

7) Delivery from SHANGHAI to SEOUL.

8) Time of shipment: Not later than 2015/11/30, allowing transshipment and partial shipment.

9) Term of payment: by T/T of 100% invoice value. All banking charges outside China (the mainland of China) are for account of the Drawee.

10) Insurance: To be effected by the sellers for 110% of full invoice value covering F. P. A. up to SEOUL to be effected by the sellers.

11) Arbitration: All dispute arising from the execution of or in connection with this contract shall be settled amicable by negotiation. In case of settlement can be reached through negotiation the case shall then be submitted to China International Economic & Trade Arbitration Commission. In Shenzhen (or in Beijing) for arbitration in act with its sure of procedures. The arbitral award is final and binding both parties for setting the dispute. The fee, for arbitration shall be borne by the losing party unless otherwise awarded.

The Seller: SHANGHAI IMPORT & EXPORT TRADING CORP. 李丹

The Buyer: DESUN IMPORT & EXPORT COR. JASON HANKS

其他资料

(1) PACKING: 100pcs/箱,纸箱尺码:46 ×46 ×34cms,
G. W. :20KGS/CTN N. W. :18 KGS / CTN
MEAS:45 ×45 ×35cms /CTN
PACKED IN TWO 40' CONTAINER
(集装箱号:COSCO3366788 COSCO3366789)

(2) VESSEL: YUANHANG V. 28W

(3) B/L NO. :COSU36089032

(4) B/L DATE:2008 - 11 - 10

(5) H. S. CODE:63049390

(6) 人民币账号:RMB02103523

(7) 外币账号:WB88630912

(8) 保费合计:108 美元

(9) INVOICE NO. :SIE08992

(10) 运费合计:2300 美元

(11) Shipping marks: DESUN
GW08043

SEATTLE

NO. 1—400

(12) 生产厂家：上海博美纺织品公司，注册号 12345690

实训要求

① 单据的样式参照本章相关章节出现的单据。

② 每名学生均应参加本次实训。

实训课时

2 课时。

实训步骤

1) 教师下达本次实训任务。

2) 各学生仔细阅读和分析所给的材料。

3) 搜集资料，查阅其他相关信息。

4) 完成出口货物装货单、报检单、报关单、场站收据、设备交接单的相关栏目填制。

5) 同桌相互检查完成情况或教师请学生回答填制理由。

检查标准

<table>
<tr><td>被考评人</td><td colspan="5"></td></tr>
<tr><td>考评地点</td><td colspan="5"></td></tr>
<tr><td>考评内容</td><td colspan="5">海运运输货运代理业务技能训练</td></tr>
<tr><td rowspan="5">考评标准</td><td>内　容</td><td>分值</td><td>自我评价</td><td>小组评价</td><td>实际得分</td></tr>
<tr><td>小组讨论是否积极参与</td><td>25</td><td></td><td></td><td></td></tr>
<tr><td>各组材料准备的充分程度</td><td>25</td><td></td><td></td><td></td></tr>
<tr><td>模拟的业务流程是否准确</td><td>25</td><td></td><td></td><td></td></tr>
<tr><td>学生回答提问情况</td><td>25</td><td></td><td></td><td></td></tr>
<tr><td colspan="2">合　计</td><td></td><td></td><td></td><td></td></tr>
</table>

综合实训三

实训 1：货物海运出口货代实务模拟

实训目的

① 熟悉集装箱货物航空运输出口货代业务的程序和步骤。

② 培养学生搜集信息的能力。

③ 培养学生的沟通能力和团队精神。

实训内容

根据所给材料,模拟集装箱货物海运出口货代实务。

西安金光科技有限公司与法国巴黎 KAROH TECHNOLOGY CO. ,LTD(NO.567 AVE STREET PARIS FRANCE)签订合同 KAJ0802SM032,出口化学分析仪器(CHEMICAL ANALYSIS EQUIPMENT)3 台。按照合同规定,装运期为2017 年3 月30 日以前。西安金光科技有限公司于2017 年3 月2 日委托西安锦海捷亚国际货运代理公司办理航空运输、报检报关等发运手续。西安锦海捷亚国际货运代理公司的操作员刘艳接受委托后,向天津中远国际货运代理公司货运部门办理订舱手续,并定于2017 年3 月20 日西安至巴黎的船舶承运该批货物。合同规定结算 T/T。

货物资料如下。

商品名称:化学分析仪器

数量:三台

包装:木箱

单价:USD6830.00

总额:USD20490.00

净重:32 kg/箱

毛重:38 kg/箱

尺寸:60 cm×45 cm×80 cm

始发港口:天津新港

目的港口:法国巴黎

实训要求

① 上述材料的未尽事宜,由学生自己发挥想象。

② 所查询的船期信息必须是真实的。

③ 本实训暂不考查学生对单证的掌握,所有业务以口头形式进行。

④ 在正式模拟之前,各组学生应做好充分准备,将可能发生的情况都考虑到。

⑤ 对于台下观众来说,通过对台上模拟过程的观摩,对海运出口货代业务的整套过程有一个清楚的认识。

实训课时

2 课时。

实训步骤

① 将班级学生分成5 组:A 组代表出口商、进口商;B 组代表货运代理公司;C 组代表航空公司;D 组代表飞机场;E 组代表海关、检验检疫、保险公司、银行等其他部门。

② 各组成员仔细阅读和分析所给的材料,同时查阅相关资料,深入了解自己在本票货物出口手续中要承担的角色和工作。

③ 在教师的指导下,各组分别派2 名代表上台,彼此沟通和交流,完成模拟过程。

④ 模拟完毕,台下任何同学均可提问,了解其中细节。

⑤ 教师点评和总结。

检查标准

<table>
<tr><td>被考评人</td><td colspan="5"></td></tr>
<tr><td>考评地点</td><td colspan="5"></td></tr>
<tr><td>考评内容</td><td colspan="5">海运运输货运代理业务技能训练</td></tr>
<tr><td rowspan="5">考评标准</td><td>内　容</td><td>分值</td><td>自我评价</td><td>小组评价</td><td>实际得分</td></tr>
<tr><td>小组讨论是否积极参与</td><td>25</td><td></td><td></td><td></td></tr>
<tr><td>各组材料准备的充分程度</td><td>25</td><td></td><td></td><td></td></tr>
<tr><td>模拟的业务流程是否准确</td><td>25</td><td></td><td></td><td></td></tr>
<tr><td>学生回答提问情况</td><td>25</td><td></td><td></td><td></td></tr>
<tr><td></td><td>合　计</td><td></td><td></td><td></td><td></td></tr>
</table>

实训2:货运单证的填制

实训目的

① 熟悉合同的相关条款。

② 掌握出口货物海运托运单和海运运单的内容和填制。

③ 培养学生的自学能力和应用能力。

实训内容

根据实训1所提供的资料的主要内容及有关制单资料填制海运货运单。

实训要求

① 单据的样式参照本项目相关任务出现的单据。

② 每名学生均应参加本次实训。

实训课时

2课时。

实训步骤

① 教师下达本次实训任务。

② 各学生仔细阅读和分析所给的材料。

③ 搜集资料,查阅其他相关信息。

④ 完成航空运单的相关栏目填制。

⑤ 同桌相互检查完成情况或教师请学生回答填制理由。

1. Shipper Insert Name, Address and Phone

2. Consignee Insert Name, Address and Phone

3. Notify Party Insert Name, Address and Phone
(It is agreed that no responsibility shall attsch to the Carrier or his agents for failure to notify)

4. Combined Transport * Pre-carriage by	5. Combined Transport * Place of Receipt
6. Ocean Vessel Voy. No.	7. Port of Loading
8. Port of Discharge	9. Combined Transport * Place of Delivery

B/L No. ××××××

船公司名称

Port-to-Port or Combined Transport

BILL OF LADING

RECEIVED in external apparent good order and condition except as other - Wise noted. The total number of packages or unites stuffed in the container, The description of the goods and the weights shown in this Bill of Lading are furnished by the Merchants, and which the carrier has no reasonable means of checking and is not a part of this Bill of Lading contract. The carrier has issued the number of Bills of Lading stated below, all of this tenor and date, One of the original Bills of Lading must be surrendered and endorsed or signed against-the delivery of the shipment and whereupon any other original bills of Lading shall be void. The Merchants agree to be bound by the terms and conditions of this Bill of Lading as if each had personally signed this Bill of Lading. SEE clause 4 on the back of this Bill of Lading (Terms continued on the back hereof, please read carefully). * Applicable Only When Document Used as a Combined Transport Bill of Lading.

Marks & Nos. Container / Seal No.	No. ofContainers or Packages	Description of Goods (If Dangerous Goods, See Clause 20)	Gross Weight Kgs	Measurement
		Description of Contents for Shipper's Use Only (Not part of This B/L Contract)		

10. Total Number of containers and/or packages (in words).
Subject to Clause 7 Limitation

11. Freight & Charges Declared Value Charge	Revenue Tons	Rate	Per	Prepaid	Collect

Ex. Rate:	Prepaid at	Payable at	Place and date of issue
	Total Prepaid	No. of Original B(s)/L	Signed for the Carrier, COSCO CONTAINER LINES * * * *

LADEN ON BOARD THE VESSEL,
DATE BY COSCO CONTAINER LINES

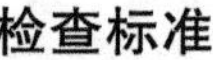

检查标准

<table>
<tr><td>被考评人</td><td colspan="5"></td></tr>
<tr><td>考评地点</td><td colspan="5"></td></tr>
<tr><td>考评内容</td><td colspan="5">海运运输货运代理业务技能训练</td></tr>
<tr><td rowspan="5">考评标准</td><td>内　容</td><td>分值</td><td>自我评价</td><td>小组评价</td><td>实际得分</td></tr>
<tr><td>小组讨论是否积极参与</td><td>25</td><td></td><td></td><td></td></tr>
<tr><td>各组材料准备的充分程度</td><td>25</td><td></td><td></td><td></td></tr>
<tr><td>模拟的业务流程是否准确</td><td>25</td><td></td><td></td><td></td></tr>
<tr><td>学生回答提问情况</td><td>25</td><td></td><td></td><td></td></tr>
<tr><td></td><td>合　计</td><td></td><td></td><td></td><td></td></tr>
</table>

附录 A

常用港口与航线

一、世界主要航线

① 北大西洋航线：西欧（鹿特丹、汉堡、伦敦、哥本哈根、圣彼得堡；北欧的斯德哥尔摩、奥斯陆等）—北大西洋—北美洲东岸（纽约、魁北克等）、南岸（新奥尔良港，途经佛罗里达海峡）。

② 亚欧航线（苏伊士运河航线）：东亚（横滨、上海、香港等港口，途经台湾、巴士海峡等）、东南亚（新加坡、马尼拉等）—马六甲海峡—印度洋（南亚科伦坡、孟买、加尔各答、卡拉奇等）—曼德海峡（亚丁湾）—红海—苏伊士运河（亚历山大）—地中海（突尼斯、热那亚）—直布罗陀海峡—英吉利（多佛尔）海峡—西欧各国。

③ 好望角航线：西亚（阿巴丹等，途经霍尔木兹海峡）、东亚、东南亚、南亚—印度洋—东非（达累斯萨拉姆）—莫桑比克海峡—好望角（开普敦）—大西洋—西非（达喀尔）—西欧。载质量在25万吨以上的巨轮无法通过苏伊士运河，需绕过非洲南端的好望角。

④ 北太平洋航线：亚洲东部、东南部—太平洋—北美西海岸（旧金山、洛杉矶、温哥华、西雅图等）。这是亚洲同北美洲各国间的国际贸易航线，随着东亚经济的发展，这条航线上的贸易量不断增加。

这4条航线是世界上比较繁忙的航线。北大西洋航线是世界最繁忙的海上运输路线，好望角航线是石油运量最大的航线，被称为西方国家的“海上生命线”。

⑤ 巴拿马运河航线：北美洲东海岸—巴拿马运河（巴拿马城）—北美洲西海岸各港口。这是沟通大西洋和太平洋的捷径，对美国东西海岸的联络具有重要意义。

⑥ 南太平洋航线：亚太地区国家（悉尼、惠灵顿）—太平洋（火奴鲁鲁）—南美洲西海岸（利马、瓦尔帕莱索等）。

二、连接东亚的航线

（一）我国主要近洋航线

① 中国—朝鲜航线

② 中国—日本航线

③ 中国—越南航线

④ 中国—中国香港航线

⑤ 中国—独联体东亚部分的航线

⑥ 中国—菲律宾航线

⑦ 中国—新马航线

⑧ 中国—北加里曼丹航线

⑨ 中国—泰国湾航线
⑩ 中国—印度尼西亚航线
⑪ 中国—孟加拉湾航线
⑫ 中国—斯里兰卡航线
⑬ 中国—波斯湾航线
⑭ 中国—澳大利亚、新西兰航线

(二) 我国主要远洋航线

① 中国—红海航线
② 中国—东非航线
③ 中国—西非航线
④ 中国—地中海航线
⑤ 中国—西欧航线
⑥ 中国—北欧、波罗的海航线
⑦ 中国—北美航线
⑧ 中国—中南美航线

三、港口航线介绍

(一) 欧基航线

① Felixstowe—United Kingdom(菲利克斯托—英国)
② Zeebrugge—Belgium(泽布鲁克—比利时)
③ Antwerp —Belgium(安特卫普—比利时)
④ Rotterdam—Netherlands(鹿特丹—荷兰)
⑤ Le Havre—France(里哈佛—法国)
⑥ Hambuge—Germany(汉堡—德国)
⑦ Bremerhaven—Germany(布莱梅哈分—德国)
⑧ Southampton—United Kingdom(南安普顿—英国)

(二) 地西航线

① Valencia —Spain(瓦伦西亚—西班牙)
② Barcelona—Spain(巴塞罗那—西班牙)
③ Melilla—Spain(梅利利亚—西班牙)
④ La Spezia—Italy(拉斯佩齐亚—意大利)
⑤ Ancona—Italy(安科纳—意大利)
⑥ Bari—Italy(巴里—意大利)
⑦ Ravenna—Italy(拉文纳—意大利)
⑧ Venice—Italy(威尼斯—意大利)
⑨ Trieste—Italy(迪利亚斯特—意大利)
⑩ Gioia Tauro—Italy(加亚淘罗—意大利)

⑪ Civitavecchia—Italy(奇维塔韦基亚—意大利)
⑫ Genova—Italy(热那亚—意大利)
⑬ Napoli(Naples)—Italy(那波利—意大利)
⑭ Leghorn—Italy(里沃纳—意大利)
⑮ Milano—Italy(米拉诺—意大利)
⑯ Fos Sur Mer—France(福斯—法国)
⑰ Koper—Slovenia(科佩尔—斯洛文尼亚)
⑱ Ploce—Slovenia(普洛斯—斯洛文尼亚)
⑲ Rijeka—Croatia(里耶卡—克罗地亚)
⑳ Bar—Montenegro(霸耳港—黑山共和国)
㉑ Durres—Albania(杜拉斯—阿尔巴尼亚)
㉒ Sines—Portugal(锡尼什—葡萄牙)
㉓ Leixoes—Portugal(雷克索斯—葡萄牙)

(三)非洲航线

1. 北非航线

① Casablanca—Morocco(卡萨布兰卡—摩洛哥)
② Tunis / Rades—Tunisia(突尼斯—突尼斯)
③ Annaba—Algeria(安纳巴—阿尔及利亚)
④ Skikda—Algeria(斯基克达—阿尔及利亚)
⑤ Algier—Algeria(阿尔及尔—阿尔及利亚)
⑥ Bejaia—Algeria(贝贾亚—阿尔及利亚)
⑦ Oran—Algeria(奥兰—阿尔及利亚)
⑧ Khoms—Libya(胡姆斯—利比亚)
⑨ Misurata—Libya(米苏拉塔—利比亚)
⑩ Benghazi—Libya(班加西—利比亚)
⑪ Tripoli—Libya(的黎波里—利比亚)

2. 西非航线

① Abidjan—Ivory Coast(阿比让—科特迪瓦)
② Agadir—Morocco(阿加迪尔—摩洛哥)
③ Tincan—Nigeria(廷肯—尼日利亚)
④ Apapa—Nigeria(阿帕帕—尼日利亚)
⑤ Banjul—Gambia(班珠尔—冈比亚)
⑥ Bissau—Guinea - Bissau(比绍—几内亚比绍)
⑦ Conakry—Guinea(科纳克里—几内亚)
⑧ Cotonou—Benin(科托努—贝宁)
⑨ Dakar—Senegal(达喀尔—塞内加尔)
⑩ Douala—Cameroon(杜阿拉—喀麦隆)
⑪ Freetown—Sierra Leone(弗里敦—塞拉利昂)

⑫ Libreville—Gabon(利伯维尔—加蓬)
⑬ Lome—Togo(洛美—多哥)
⑭ Monrovia—Liberia(蒙罗维亚—利比里亚)
⑮ Nouadhibou—Mauritania(努瓦迪布—毛里塔尼亚)
⑯ Nouakchott—Mauritania(努瓦克肖特—毛里塔尼亚)
⑰ Praia/mindelo—Cape Verde(普拉亚—佛得角)
⑱ San Pedro—Ivory Coast(圣佩德罗—科特迪瓦)
⑲ Tema—Ghana(特马—加纳)
⑳ Takoradi—Ghana(塔克拉迪—加纳)
㉑ Luanda—Angola(卢安达—安哥拉)
㉒ Namibe—Angola(纳米贝—安哥拉)
㉓ Lobito—Angola(洛比托—安哥拉)

(四)地东黑海航线

① Batumi—Georgia(巴塔米—格鲁吉亚)
② Burgas—Bulgaria(布尔加斯—保加利亚)
③ Constanta—Romania(康斯坦撒—罗马尼亚)
④ Ilyichevsk—Ukraine(伊利切沃斯克—乌克兰)
⑤ Novorossiysk—Russia(新罗西斯克—俄罗斯)
⑥ Odessa—Ukraine(奥德赛—乌克兰)
⑦ Poti—Georgia(波地—格鲁吉亚)
⑧ Varna—Bulgaria(瓦尔纳—保加利亚)
⑨ Alexandria—Egypt(亚历山大—埃及)
⑩ Port Said—Egypt(塞得港—埃及)
⑪ Ashdod—Israel(阿什杜德—以色列)
⑫ Beirut—Lebanon(贝鲁特—黎巴嫩)
⑬ Haifa—Israel(海法—以色列)
⑭ Lattakia—Syria(拉塔基亚—叙利亚)
⑮ Limassol—Cyprus(利马索尔—塞浦路斯)
⑯ Piraeus—Greece(比雷埃夫斯—希腊)
⑰ Tartus—Syria(塔尔图斯—叙利亚)
⑱ Thessaloniki—Greece(塞萨洛尼基—希腊)
⑲ Evyap—Turkey(埃维亚普—土耳其)
⑳ Gemlik—Turkey(盖姆利克—土耳其)
㉑ Gebze—Turkey(盖布泽—土耳其)
㉒ Istanbul—Turkey(伊斯坦布尔—土耳其)
㉓ Aliaga—Turkey(阿利亚加—土耳其)
㉔ Izmir—Turkey(伊兹密尔—土耳其)
㉕ Mersin—Turkey(梅尔新—土耳其)

㉖ Iskenderun—Turkey(伊斯肯德伦—土耳其)
㉗ Volos—Greece(沃洛丝—希腊)
㉘ Antalya—Turkey(安塔利亚—土耳其)
㉙ Heraklion—Greece(伊拉克利翁—希腊)
㉚ Trabzon—Greece(特拉布宗—希腊)
㉛ Giurgiulesti—Moldova(朱朱列什蒂—摩尔多瓦)
㉜ Samsun—Turkey(萨姆松—土耳其)
㉝ Rostov-On-Don—Russia(顿河畔罗斯托夫—俄罗斯)

(五) 美线

1. 美西航线

① Los Angeles,CA(洛杉矶)
② Oakland,CA(奥克兰)
③ Long beach,CA(长滩)

2. 美东航线

① New York,NY(纽约)
② Norfolk,VA(诺福克)
③ Baltimore,MD(巴尔的摩)
④ Savannah,GA(萨凡纳)
⑤ Charleston,SC(查尔斯顿)
⑥ Houston,TX(休斯敦)
⑦ Port Everglades,FL(迈阿密)
⑧ Jacksonville,FL(杰克逊维尔)
⑨ Philadelphia,PA(费城)
⑩ New Orleans,LA(新奥尔良)
⑪ Mobile,AL(莫比尔)
⑫ Tampa,FL(坦帕)
⑬ Boston,MA(波士顿)

3. 加拿大航线

① Montreal,QC(蒙特利尔)
② Toronto,ON(多伦多)

(六) 中南美航线

1. 墨西哥

① Manzanillo(曼萨尼约)
② Lazaro Cadenas(拉萨罗卡德纳斯)
③ Altamira(阿尔塔米拉)
④ Veracruz(维拉克鲁兹)

2. 中美西

① Mazatlan—Mexico(马萨特兰—墨西哥)

② Guaymas—Mexico(瓜伊马斯—墨西哥)
③ Puerto Caldera—Costa Rica(卡尔德拉—哥斯达黎加)
④ Acajutla—El Salvador(阿卡胡特拉—萨尔瓦多)
⑤ Puerto Quetzal—Guatemala(夸特扎尔港—危地马拉)
⑥ Corinto—Nicaragua(科林托—尼加拉瓜)

3. 南美西

① Arica—Chile(阿里卡—智利)
② Coronel—Chile(科罗内尔—智利)
③ Iquique—Chile(伊基克—智利)
④ Puerto Angamos(Mejillones)—Chile(安加莫斯—智利)
⑤ San Antonio—Chile(圣安东尼奥—智利)
⑥ Valparaiso—Chile(瓦尔帕莱索—智利)
⑦ Buenaventura—Columbia(布埃纳文图拉—哥伦比亚)
⑧ Callao—Peru(卡亚俄—秘鲁)
⑨ Guayaquil—Ecuador(瓜亚基尔—厄瓜多尔)

4. 南美东

① BuenoAires—Argentina(布宜诺斯艾利斯—阿根廷)
② Rosario—Argentina(罗萨里奥—阿根廷)
③ Zarate—Argentina(萨拉特—阿根廷)
④ Montevideo—Uruguay(蒙得维的亚—乌拉圭)
⑤ Santos—Brazil(桑托斯—巴西)
⑥ Navegantes—Brazil(纳维甘地斯—巴西)
⑦ Rio Grande—Brazil(里奥格兰德—巴西)
⑧ Itapoa—Brazil(伊塔普亚—巴西)
⑨ Paranagua—Brazil(帕拉那瓜—巴西)
⑩ Salvador—Brazil(萨尔瓦多—巴西)
⑪ Suape—Brazil(苏阿普—巴西)
⑫ Pecem—Brazil(培森—巴西)
⑬ Itaguai—Brazil(伊塔瓜伊—巴西)
⑭ Rio de Janeiro—Brazil(里约热内卢—巴西)
⑮ Vitoria—Brazil(维多利亚—巴西)
⑯ Manaus—Brazil(玛瑙斯—巴西)
⑰ Vila Do Conde—Brazil(维拉多康德—巴西)
⑱ Caacupemi—Paraguay(卡库佩米—帕拉那瓜)

5. 加勒比

① Freeport—Bahamas(自由港—巴哈马)
② Nassau—Bahamas(拿骚—巴哈马)
③ San Juan—Puerto Rico(圣胡安—波多黎各)

④ Kingston—Jamaica(金斯顿—牙买加)
⑤ Caucedo—Dominican Rep.(卡西多—多米尼加)
⑥ Rio Haina—Dominican Rep.(海纳—多米尼加)
⑦ Port Au Prince—Haiti(太子港—海地)
⑧ Puerto Cabello—Venezuela(卡贝略—委内瑞拉)
⑨ La Guaira—Venezuela(拉瓜伊拉—委内瑞拉)
⑩ El Guamache—Venezuela(埃尔瓜马切—委内瑞拉)
⑪ Maracaibo—Venezuela(马拉开波—委内瑞拉)
⑫ Port of Spain—Trinidad & Tobago(西班牙港—特立尼达和多巴哥)
⑬ Cartagena—Columbia(卡塔赫那—哥伦比亚)
⑭ Castries—St. Lucia(卡斯特里—圣卢西亚)
⑮ Bridgetown—Barbados(布里奇顿—巴巴多斯)
⑯ Georgetown—Guyana(乔治敦—圭亚那)
⑰ Paramaribo—Suriname(帕拉马里博—苏里南)
⑱ Basseterre—Saint Kitts and Nevis(巴斯特尔—圣基茨和尼维斯)
⑲ George Town—Grand Cayman(乔治敦—格兰德卡曼)
⑳ Kingstown—Saint Vincent and the Grenadines(金斯顿—圣文森特和格林纳丁斯)
㉑ Nevis—Nevis(尼维斯)
㉒ Philipsburg—Saint Maarten(菲利普斯堡—圣马滕)
㉓ Plymouth—Montserrat(普利茅斯—蒙特塞拉特)
㉔ Road Bay—Anguilla(路德湾—安圭拉)
㉕ Roseau—Dominica(罗索—多米尼加)
㉖ Saint George's—Grenada(圣乔治—格林纳达)
㉗ Vieux Fort—Saint Lucia(维约堡港—圣卢西亚)

6. 中美东

① Puerto Limon—Costa Rica(利蒙港—哥斯达黎加)
② Puerto Cortes—Honduras(科特斯—洪都拉斯)
③ Roatan—Honduras(罗阿坦—洪都拉斯)
④ Puerto Barrios—Guatemala(巴里奥斯—危地马拉)
⑤ Belize—Belize(伯利兹)
⑥ Puerto Morelos—Mexico(莫雷洛斯—墨西哥)

7. 巴拿马

① Colon Free Zone—Panama(科隆自由贸易区—巴拿马)
② Cristobal—Panama(克里斯托巴尔—巴拿马)
③ Balboa—Panama(巴尔博亚—巴拿马)
④ La Habana—cuba(哈瓦那—古巴)

(七) 中东航线

① Abu Dhabi—Uae(阿布扎比—阿联酋)

② Bahrain—Bahrain(巴林)
③ Jebel Ali—Uae(杰贝阿里—阿联酋)
④ Bandar abbas—Iran(阿巴斯—伊朗)
⑤ Dammam—Saudi Arabia(达曼—沙特)
⑥ Riyadh—Saudi Arabia(利雅得—沙特)
⑦ Doha—Qatar(多哈—卡塔尔)
⑧ Kuwait—Kuwait(科威特)
⑨ Muscat—Oman(马斯喀特—阿曼)
⑩ SOHAR—OMAN(苏哈—阿曼)
⑪ Jubail—Saudi Arabia(朱拜勒—阿曼)
⑫ Sharjah—Uae(沙迦—阿联酋)
⑬ Ajman—Uae(阿志曼—阿联酋)
⑭ Umm Qasr—Iraq(乌姆盖斯尔—伊拉克)

(八) 印巴航线

① Karachi—PAKISTAN[卡拉奇—巴基斯坦 Karachi 分为 Port Qasim 和 Seaport(P 港、K 港)]
② Nhava Sheva—India(孟买新—印度)
③ Mundra—India(蒙德拉—印度)
④ Chennai—India(钦奈—印度)
⑤ Calcutta—India(加尔各答—印度)

(九) 红海

① Salalah—Oman(沙拉莱—阿曼)
② Aden—Yemen(亚丁—也门)
③ Hodeidah—Yemen(荷台达—也门)
④ Djibouti—Djibouti(吉布提)
⑤ Jeddah—Saudi Arabia(捷达—沙特)
⑥ Aqaba—Jordan(阿卡巴—约旦)
⑦ Sokhna—Egypt(索科纳—埃及)
⑧ Port Sudan—Sudan(苏丹)

(十) 东南亚

① Belawan—Indonesia(乌拉湾—印尼)
② Penang—MALAYSIA(槟城—马来西亚)
③ Pasir Gudang—Malaysia(巴西古当—马来西亚)
④ Unithai(Bangkok)—Thailand(曼谷—泰国)
⑤ Laem Chabang—Thailand(林查班—泰国)
⑥ Ho Chi Minh—Vietnam(胡志明—越南)
⑦ Jakarta—Indonesia(雅加达—印度尼西亚)

⑧ Panjang—Indonesia(潘姜—印度尼西亚)
⑨ Semarang—Indonesia(三宝垄—印度尼西亚)
⑩ Surabaya—Indonesia(泗水—印度尼西亚)
⑪ Phnom Penh—Cambodia(金边—柬埔寨)
⑫ Sihaunukville—Cambodia(西哈努克维尔—柬埔寨)
⑬ Port Kelang—Malaysia(巴生—马来西亚)
⑭ Singapore—Singapore(新加坡)

(十一) 澳新航线

1. 澳大利亚

Sydney(悉尼)
Melbourne(墨尔本)
Brisbane(布里斯班)
Adelaide(阿德莱德)
Fremantle(弗里曼特尔)

2. 新西兰

Auckland(奥克兰)
Lyttleton(里特尔顿)
Napier(纳皮尔)
Port Chalmers(查默斯)
Taraunga(陶兰加)
Wellington(惠灵顿)
Nelson(纳尔逊)
New Plymouth(新普利茅斯)
Bluff(布拉夫)

(十二) 东南非航线

① Durban—South Africa(德班—南非)
② Cape Town—SOUTH AFRICA(开普敦—南非)
③ Port Elizabeth(Coega)—South Africa(伊丽莎白港—南非)
④ Walvis Bay—Namibia(鲸鱼湾—纳米比亚)
⑤ East London—SOUTH AFRICA(东伦敦—南非)
⑥ Mombasa—Kenya(蒙巴萨—肯尼亚)
⑦ Dar Es Salaam—Tanzania(达累斯萨拉姆—坦桑尼亚)
⑧ Tanga—Tanzania(坦噶—坦桑尼亚)
⑨ Zanzibar—Tanzania(桑给巴尔—坦桑尼亚)
⑩ Mogadishu—Somalia(摩加迪沙—索马里)
⑪ Beira—Mozambique(贝拉—莫桑比克)
⑫ Maputo—Mozambique(马普托—莫桑比克)

⑬ Nacala—Mozambique(纳卡拉—莫桑比克)
⑭ Port Louis—Mauritius(路易斯港—毛里求斯)
⑮ Longoni—Mayotte(隆戈尼—马约特)
⑯ Tamatave—Madagascar(塔马塔夫—马达加斯加)
⑰ Tulear—Madagascar(图利亚拉—马达加斯加)
⑱ Ehoala—Madagascar(艾奥拉—马达加斯加)
⑲ Majunga—Madagascar(马哈赞加—马达加斯加)
⑳ Diego Suarez—Madagascar(安齐拉纳纳—马达加斯加)
㉑ Pointe Des Galets—Reunion(加莱角—留尼旺)

附录 B

常用空白单据

货代工作操作专单(操作规律)

系统编号：

<table>
<tr><td>客户名：</td><td></td><td>联系人：</td><td colspan="2"></td></tr>
<tr><td>地区：</td><td></td><td>联系方式：</td><td colspan="2"></td></tr>
<tr><td colspan="5">货物类型：☐季节性货 ☐杂类货物 ☐轻货 ☐重货 ☐易损 ☐危险物</td></tr>
<tr><td>主要货名：</td><td></td><td></td><td></td><td></td></tr>
<tr><td>主要 H S 编码：</td><td></td><td></td><td></td><td></td></tr>
<tr><td>主要监管条件：</td><td colspan="4">☐通关单 ☐预核签单 ☐出口许可证</td></tr>
<tr><td>主要航线：</td><td colspan="4"></td></tr>
<tr><td>主要运输方式：</td><td colspan="4">☐海运 ☐空运 ☐多式联运</td></tr>
<tr><td>配载类别及箱、票量：</td><td colspan="4">☐整箱多 ☐拼箱多 ☐空运多 （ ）票/月</td></tr>
</table>

操作规律：

<table>
<tr><td colspan="3">目的港客户货物运输时间要求：☐经常性货急</td><td>☐无特殊要求</td></tr>
<tr><td rowspan="3">主要配载特点</td><td colspan="2">☐柜子普遍超重需注意船公司限重</td><td>☐订航时间和备货时间急</td></tr>
<tr><td colspan="2">☐指定目的港码头</td><td>☐必须直达</td></tr>
<tr><td colspan="2">☐船期准开准到</td><td>☐特别要求船期延迟必须提前通知</td></tr>
<tr><td rowspan="11">主要装箱特点</td><td rowspan="2">主要地址：</td><td colspan="2"></td></tr>
<tr><td colspan="2"></td></tr>
<tr><td rowspan="4">时间</td><td colspan="2">☐只需下班前 2 小时到</td></tr>
<tr><td colspan="2">☐准时，误差不超过（ ）小时</td></tr>
<tr><td colspan="2">☐非常准时（原因： ）</td></tr>
<tr><td colspan="2"></td></tr>
<tr><td>装箱时间</td><td colspan="2">☐比较快 ☐一般 ☐比较慢（ 小时/20）</td></tr>
<tr><td>其他要求</td><td colspan="2">☐放尾箱</td></tr>
<tr><td></td><td colspan="2"></td></tr>
<tr><td colspan="3"></td></tr>
<tr><td colspan="3"></td></tr>
<tr><td rowspan="2">提单特点</td><td colspan="2">☐L/C 提单较多</td><td>☐T/T 较多</td></tr>
<tr><td colspan="2">☐提单较急（近洋线）</td><td>☐DUBAI/HAM 线特征</td></tr>
<tr><td>客户联系人特点</td><td colspan="3">☐明白事理 ☐比较难沟通 ☐比较诚信 ☐在意承诺</td></tr>
<tr><td>备　注：</td><td colspan="3"></td></tr>
</table>

销售：　　　　操作：　　　　总经理：

询价报价客户跟踪表

客户名称:__________ 系统编号:__________

联系人:__________ 联系方式:__________

报价人:__________ 跟踪人:__________

船信息

起运港		中转港		目的港		目的地	
船期		截关日		航程		船公司	
货限重	20:T;40:T;40H:T					靠泊码头	

箱货信息

<table>
<tr><td colspan="2">□FCL 箱量 □FCL 自拼</td><td colspan="3">□拼箱 LCL 货量 □空运</td></tr>
<tr><td>20X</td><td rowspan="2">40′HX</td><td>毛重:</td><td>实出毛重:</td><td>□超重:</td></tr>
<tr><td>40X</td><td>体积:</td><td>实出体积:</td><td>□超方:</td></tr>
<tr><td colspan="5">单位要求及其他</td></tr>
</table>

费用明细	成本	卖价	备注	费用明细	成本	卖价	备注
海运费				订舱费			
BAF				THC			
CAF				报关费			
PSS				商检换单费			
DDC/DTHC				运输费			
D/O							
				文件费			
反馈情况							
委托日期				开船日期			

客户运费计划规定专单（报价规律主单）

单证编码：

客户名：　　　　　　联系人：　　　　　　系统编号：

项目性质	PCL 整箱						PCL 拼箱		空运	
	20′			40′/40′HQ			海运费	内陆运费	空运费	杂费
	海运费	内陆运费		海运费	内陆运费					
上海出口		订舱费			订舱费					
		THC			THC					
		报关费			报关费					
		拖车费			拖车费					
		洋山进港费			洋山进港费					
		门点费			门点费					
宁波出口		订舱费			订舱费					
		THC			THC					
		报关费			报关费					
		拖车费			拖车费					
		四期提箱/进港			四期提箱/进港					
		五期提箱/进港			五期提箱/进港					
		门点费			门点费					
备注（一）										

销售：　　　　　　市场：　　　　　　总经理：

货运接单审核项目表

审核项目：

货物信息	1. 收货通知人名称地址和电话： □确认（○全 ○不全 必须全才可订舱）
	2. 唛头： □HMV 唛头规定
	3. 中文名称：□确认监管条件（○无 ○有）○目的港限制（ ）○运费有关（美加）
	4. 毛重： □确认（ ）船公司（ ）航线限重（ <20′; <40′）
	○超重有超重费 USD 并已通知销售核对
	5. 体积： □符合体积限定 30CBM<20′;60CBM<40′;65CB M40′HQ
船舶信息	1. 船公司： □确认了（ ）船公司
	2. 起运港： □确认了
	3. 中转港： □确认（○要求直达 ○无要求直达）
	4. 目的港： □确认（○是港口 ○是内陆点 ○无港口名而国家名相同）
	5. 预计开船日：□确认[○L/C 规定最迟装运日（ ）○客户要求准时开 ○无特殊要求]
	6. 船程： □确认（○要求 几天到港，货急 ○无特殊要求）
	7. 交换方式： □确认[○LCL－LCL ○FCL－PCL ○FCL－CO（地中海多港规定）○FCL－DOCR]
	8. 靠泊码头： □确认（○宁波四/五期/远东 ○上海洋山）
	9. 开港闭港时间：□确认（ 月 日 / 月 日）
	10. 截关/截单日：□确认（ 月 日 / 月 日）
操作信息	1. 订舱： □确认（○时间紧张 ○仓位紧张 ○可按常规时间操作）
	□确认订舱要点（○自拼箱 C 和 N 必须一致 ○协议号订舱）
	□需要各类号码才可订舱（以色列、巴西）
	2. 顶配箱单与提箱：□舱位紧张要尽早放箱 □箱子紧张 □○HMH/○APL/○MSC 小箱缺
	3. 装箱信息：□确认可能是特殊点提箱：○宁波四、五期 ○远东有特殊提箱费
	□确认车队问题（○近期天气原因装箱问题多 ○节假日车紧张）
	□确认客户装箱特点（○重箱 ○尾箱 ○装箱时间长 ○经常待班）
	4. 开港闭港：□确认装箱进港符合开港时间 □确认未开港有落箱费
	5. 截关要表：□确认符合装箱时间 □确认货物有无问题
	6. 资料送达：□确认截关时间前一天数据和监管资料备齐
	7. 码头船公司接单时间： □确认时间（ ）和是否需要顶箱上船（已联系）

（续表）

<table>
<tr><td rowspan="6">单证信息</td><td colspan="2">1. 提单类型:□确认海单 SHIPPER(　)运费协议　□货代单　PCL 订舱确认代理</td></tr>
<tr><td colspan="2">2. 签发方式:□(○电放收发货人必须一致,非 TOORDER　○SEA WAY B/L)</td></tr>
<tr><td colspan="2">○正本(○无要求　OL/C 交单三正三副)</td></tr>
<tr><td colspan="2">3. 做单交接时间:□确认(　天)</td></tr>
<tr><td colspan="2">4. 运费结算方式:□确认(○PP　○CC)</td></tr>
<tr><td colspan="2">5. 提单条款:□确认(○船公司已确认　○公司专业领导已确认)</td></tr>
<tr><td rowspan="3">费用信息</td><td>1. 海运费用支出:□已确认清楚</td><td>2. 海运费用支付:□已确认清楚</td></tr>
<tr><td colspan="2">3. 人民币支出:□已确认清楚(包括文件费和提箱进港费)□操作中未确认费用</td></tr>
<tr><td colspan="2">4. 人民币收入:□已确认清楚(包括文件费和提箱进港费)□操作中未确认费用</td></tr>
<tr><td>备注</td><td colspan="2"></td></tr>
</table>

客户运费开票、退单规定专单(开票、退单规律)

客户名：　　　　　　　　　　联系人：　　　　　　　系统编号：

<table>
<tr><td rowspan="14">开票</td><td rowspan="2">确认</td><td>客户运费确认</td><td colspan="2">□　传真确认　□MSN/QQ/E-mail 等网络确认</td></tr>
<tr><td>无须确认运费</td><td colspan="2">□　业务员确认</td></tr>
<tr><td rowspan="2">方式</td><td>单票开票</td><td colspan="2">□单笔业务逐开票(特殊情况除外)</td></tr>
<tr><td>统一开票</td><td>数票合开</td><td>□客户要求数票业务一起开票:</td></tr>
<tr><td rowspan="2">币种</td><td>分币种开票</td><td>定时开票</td><td>□公司规定时间开票:每月 28 日</td></tr>
<tr><td>单币种开票</td><td colspan="2">□美元和人民币运费分开</td></tr>
<tr><td rowspan="7">项目</td><td>系统项目开票</td><td>美元开票</td><td>□折人民币汇率(根据公司当时规定汇率)</td></tr>
<tr><td>客户要求项目开票</td><td>人民币开票</td><td>□折美金汇率(根据公司当时规定汇率)</td></tr>
<tr><td>发　票</td><td colspan="2">□系统计划的运费名称开票</td></tr>
<tr><td rowspan="5"></td><td rowspan="2">开票项目</td><td>美金:</td></tr>
<tr><td>人民币:</td></tr>
<tr><td>无须明细单</td><td>□无须提供发票号相对应系统运费计划的明细项目</td></tr>
<tr><td>附页明细单</td><td>□系统项目明细 + 特殊费用的原始发票或凭据</td></tr>
<tr><td>种类</td><td colspan="2">□公司发票　□ 抵扣联车队发票　　□同行发票等</td></tr>
<tr><td>单据</td><td>退单</td><td>核 销 单、手册等</td><td colspan="2">□凭水单　□运费到更长　□银行票据　□现金
□月结　□特殊</td></tr>
</table>

销售：　　　　　　市场：　　　　　　商务：　　　　　　经理：

更改时间：

客户维护项目专单(市场专员)

客户名：　　　　　　　　　　　　　　　　　　　　　　系统编号：

客户地址				地区		
感情维护	联系人	手机	网络联系方式	生日	关系人	生日
节日问候	春节　　端午　　中秋节					
海关年审	月　日(登记日)提前一个月告知或在规定时间内提醒客户年审工作					
商检年审	月　日(登记日)提前一个月告知或在规定时间内提醒客户年审工作					
月出货计划表工作	每月底前完成下个月出货工作计划争取统计工作					
合同签订/修改	合同签订时间：　年　月　日　二年到期后续签工作					
客户业务分析	1. 货量　2. 利润　3. 主要航线港口　统计分析工作每月5号左右					
回访工作	电话/网络		□每两周　□每月　□每两月　□每季度　□每年			
	现场走访		□每两周　□每月　□每两月　□每季度　□每年			
信息管理	1. 国际货运系统信息完善　2. 文本档案完善　　每月5号左右					
XX管理	□进账安排　　□月结　　□临时安排					
信息沟通	1. 客户和公司存在的问题　2. 航运信息总结反馈　3. 处理办法和改进意见					
	每月10号左右与客户沟通					
工作总结	每月15号左右填制客户维护工作总结单					

单证确认小表单

单位：　　　起运港：　　　目的港：　　　船期：________工作编号：

确 认 项 目	确认日期	确 认 项 目	确认日期
1. 制作<提单确认项目单>		17. 确认提单相关保函是否齐全	□是 □否
2. 催要/制作提单确认书		18. 额外费用通知客户(单证)	
3. 接收订舱口的提单确认书		19. 船舶开船计划(船开前2天每天确认)	
4. 核对三联单信息		20. 接受操作转单和<划跟踪单>	
5. 核对托书信息		21. 完成操作放行工作	
6. 传给客户提单确认书		22. 晚开通知给客户(预配船期前一天)	
7. 接收客户已确认的提单确认书		23. 上船和开船确认(每天确认)	
8. 预录单工作/并核对报关数据		24. 通知客户开船	

（续表）

确 认 项 目	确认日期	确 认 项 目	确认日期
9. 核对预录单与提单确认数据核对	□ 确认	25. 付款买单客户运费到账	
10. 核对客户已确认的提单确认书	□ 确认	26. 付款买单订舱口运费到账	
11. 核对订舱口的提单确认书并回传	□ 确认	27. 提单和船证明签发	
12. 确认客户要求拿到提单时间	月　日	28. 提单和船证明核对	
13. 确认订舱口是否付款买单	□是 □否	29. 提单与客户交接	
14. 通知订舱口提前开票手续		30. 特殊处理单	
15. 确认客户是否付款买单	□是 □否	31. 工作总结	
16. 通知市场提前开票手续			
备注：要求认真、谨慎，提高工作效率，当天工作必须当天完成。			

进口操作小表单

单位：　　　起运港：　　　　目的港：　　　　船期：__________工作编号：

确认项目（进口）	确认日期	确认项目（进口）	确认日期
1. 接收进口委托书日期		19. 查验通知客户	
2. 审核进口委托书		20. 查验时间和查验情况	
3. 确认操作程序		21. 海关放行情况	
4. 确认所需资料		22. 确认是否需动植检	
5. 收到进口资料日期（我司收到）		23. 通知客户和车队并要排动植检	
6. 各类许可证确认（通关单、手册等）		24. 确认车队排计划情况	
7. 确认提单是电放或正本		25. 预计派车时间	
8. 审核进口资料		26. 确认运费（特别是拼货）	
9. 收到进口资料日期（口岸收到）		27. 当天车子情况落实和协调	
10. 确认船到港情况		28. 确认箱子是否破损（车队）	
11. 确认换单日期		29. 确认箱子是否破损（工厂）	
12. 确认到付进口费用		30. 制作和审核计划	
13. 督促口岸当天晚上进行商检输单		31. 确认额外费用并通知客户	
14. 确认上午商检情况		32. 确认开票	
15. 确认下午报关情况		33. 特殊处理单留底或者提交销售或其他部门	
16. 计税交税			
17. 代交税时要求客户出具保函		34. 单票总结	
18. 是否查验		35. 退单	
备注：要求认真、谨慎，提高工作效率，当天工作必须当天完成。			

拼箱出口操作小表单

单位：　　　　　　起运港：　　　　　　目的港：　　　　　　船期：＿＿＿＿＿工作编号：

确认项目(拼箱)	确认日期	确认项目(拼箱)	确认日期
1. 委托书审核		18. 通关情况的落实	
2. 是否需要客服		19. 是否查验	
3. 客户订单要求确认		20. 查验时间和查验情况	
4. 船信息确认		21. 海关放行情况	
5. 安排客服工作		22. 额外费用通知客户(操作)	
6. 确认最迟进仓时间		23. 提单确认	
7. 放始确认/进仓编号		24. 预录单工作	
8. 进仓安排确认(客户)		25. 额外费用通知客户(单证)	
9. 报关资料的收和审(客户)		26. 船舶开船计划(船开前 2 天每天确认)	
10. 进仓安排确认(车队)		27. 晚开通知给客户(预配船期前一天)	
11. 当天拖货情况落实和协调		28. 上船和开船确认(每天确认)	
12. 确认超方情况		29. 通知客户开船	
13. 报关资料的口岸收中确认		30. 制作和审核计划	
14. 各类许可证确认(通关单/手册等)		31. 提单签发	
15. 进仓核对数据		32. 货物跟踪单	
16. 报关数据制/审		33. 特殊处理单	
17. 再次和口岸确认船期		34. 工作总结	
备注：要求认真、谨慎，提高工作效率，当天工作必须当天完成。			

整箱出口操作小表单

单位：　　　　　　起运港：　　　　　　目的港：　　　　　　船期＿＿＿＿＿工作编号：

确 认 项 目	确认日期	确 认 项 目	确认日期
1. 委托书审核		19. 通知工厂重箱放行	
2. 是否需要客服		20. 报关数据制/审	
3. 客户订单要求确认		21. 三联单出单或换签	
4. 船信息确认		22. 各类许可证确认(通关单、手册等)	
5. 安排客服工作		23. 报关资料的口岸收中确认	
6. 开箱单时间确认		24. 进港/进仓核对数据	
7. 放始确认/进仓编号		25. 进港电子数据核对(上海舱单)	
8. 开港闭时间最后确认		26. 核单/预配海关始单落实	
9. 放箱手续确认/进仓编号		27. 当天 9:00 通关情况的落实	

（续表）

确 认 项 目	确认日期	确 认 项 目	确认日期
10. 通知单证进行提单确认<小表单>		28. 当天 17:30 海关放行情况	
11. 差箱/进仓安排确认（客户）		29. 实际舱单审发核对（宁波舱单）	
12. 报关资料的收和审（客户）		30. 通知订船口/船公司订箱	
13. 装箱/进仓安排确认（车队）		31. 船公司现场的接单情况	
14. 装箱委托书传车队		32. 码头接单配载情况	
15. 箱单审核和车队交接		33. 额外费用通知客户（操作）	
16. 装箱确认单给客户		34. 工作总结	
17. 当天 9:00 前装箱情况落实与协调		35. 制作计划跟踪单并传单证	
18. 装箱单和装箱确认单回传			
备注：要求认真、谨慎，提高工作效率，当天工作必须当天完成。			

船舶计划和货物跟踪单

货信息		提单号		箱号	
起运港		中转港		目的港/目的地	
船公司		港区	是否直达	□直达 □中转	
船名航次					
预配船期		截关日		截单时间	
海关放行		船公司现场放行		码头放行	
截关日		靠泊情况		计划开船	

放行、船计划工作单

客户名： 联系人： 工作编号：

	□核对预配船期□核实放行情况				□通知客户船开情况	
第 2 次查询	计划船期		靠泊情况		开船情况	
	□索要晚开通知□核实放行情况				□通知客户船开情况	
第　次查询	靠泊情况				计划开船	
	□索要晚开通知□核实放行情况				□通知客户船开情况	
第　次查询	实际开船				□通知客户船开情况	

出运接单/结算凭证

客户名称__________ 工作编号__________

船信息 （　　/　　）

起运港		中转港		目的港		目的地	
船期		截关日		航程		船公司	
货限重		20′:　T;40′:　T; 40′H:　T				靠泊码头	

（续表）

箱货信息

□FCL 箱量　□FCL 自拼		□拼箱 LCL 货量		□空运
20 X	40 XL	毛重:	实出毛重:	□超重:
40 X		体积:	实出体积:	□超方:
交接方式:□CY－CY　□CY－DOOR　□CFS－CFS　□CFS－DOOR				

接单信息

B/L NO.		提单:□L/C　□D/P　□T/T　□有特殊提单显示条例	
□MB/L	□PP　□CC　□三正三副　□电放　□分单　□并单　□倒签(　)手签		
□HB/L	□PP　□CC　□三正三副　□电放　□分单　□并单　□倒签(　)手签		
船证明	□需要	其他	

订舱单位				销售			
	关单数量			操作			
报关	□一票报关　□多票报关　□商检　□手册　□其他						
	单位			核销单			
做箱/进仓	方式	□自做　□内装		安排时间			
	车队			门点			
	撤销堆场	费用		箱封号			
财务情况	口岸	□月结　□付款买单才提单放单					
	客户	□月结　□付款买单才提单放单					
费用明细	成本	卖价	开票价	费用明细	成本	卖价	开票价
海运费				订舱费			
BAF				THC			
CAF				报关费			
PSS				商检换单费			
DDC/DTHC				运输费			
D/O							
				文件费			
费用确认人				费用确认人			
备　注							
销售		市场		操作		单证	
接单日		审核日		操作完成日		单证完成日	

提单确认项目单

工作编号：YH

<table>
<tr><td>一、结汇方式</td><td colspan="3">□ L/C　　　□D/P　　　□T/T</td></tr>
<tr><td>二、提单提交日</td><td colspan="3">月　　日　　时</td></tr>
<tr><td>三、提单截单时间</td><td colspan="3">月　　日　　时</td></tr>
<tr><td rowspan="8">四、提单种类</td><td colspan="3">□ 1. 海运正本提单　（MASTER BILL）</td></tr>
<tr><td colspan="3">□ 2. 海洋正本提单　（DCEAN B/L）</td></tr>
<tr><td colspan="3">□ 3. 货代正本提单　（HOUSE B/L）</td></tr>
<tr><td colspan="3">□ 4. 电放提单</td></tr>
<tr><td colspan="3">□ 5. 海运单 ｛SEA WAYBILL(SWB)｝</td></tr>
<tr><td colspan="3">□ 6. 换单提单(SWITCH BILL)</td></tr>
<tr><td colspan="3">□ 7. PART 单　分单　并单</td></tr>
<tr><td colspan="3">□ 8. 美国单</td></tr>
<tr><td rowspan="22">五、提单内容</td><td>1. SHIPPER</td><td>□</td><td rowspan="22">已按公司规定确认</td><td>备注：</td></tr>
<tr><td>2. CONSIGNEE</td><td>□</td><td>备注：</td></tr>
<tr><td>3. NOTIFY PARTY</td><td>□</td><td>备注：</td></tr>
<tr><td>4. NAME OF VESSEL</td><td>□</td><td>备注：</td></tr>
<tr><td>5. 航次(VOY.)</td><td>□</td><td>备注：</td></tr>
<tr><td>6. PORT OF LOADING</td><td>□</td><td>备注：</td></tr>
<tr><td>7. PORT OF DISCHARGE</td><td>□</td><td>备注：</td></tr>
<tr><td>8. PLACE OF DELIVERY</td><td>□</td><td>备注：</td></tr>
<tr><td>9. DESCRIPTION OF GOODS</td><td>□</td><td>备注：</td></tr>
<tr><td>10. 毛重、件数和体积</td><td>□</td><td>备注：</td></tr>
<tr><td>11. 唛头</td><td>□</td><td>备注：</td></tr>
<tr><td>12. 总件数表述</td><td>□</td><td>备注：</td></tr>
<tr><td>13. 交接方式</td><td>□</td><td>备注：</td></tr>
<tr><td>14. 交接类型</td><td>□</td><td>备注：</td></tr>
<tr><td>15. 船公司货物内容声明</td><td>□</td><td>备注：</td></tr>
<tr><td>16. 箱封号描述</td><td>□</td><td>备注：</td></tr>
<tr><td>17. 箱型箱量描述</td><td>□</td><td>备注：</td></tr>
<tr><td>18. 运费付款方式</td><td>□</td><td>备注：</td></tr>
<tr><td>19. 上船表述</td><td>□</td><td>备注：</td></tr>
<tr><td>20. 提单签发日期</td><td>□</td><td>备注：</td></tr>
<tr><td>21. 提单签发份数</td><td>□</td><td>备注：</td></tr>
<tr><td>22. 提单的签发章表述</td><td>□</td><td>备注：</td></tr>
</table>

（续表）

六、提单额外条款	1. 目的费用表述	□已按公司规定确认
	2. 目的港免用箱问题	□已按公司规定确认
七、签发方式	□原单 □倒签 □手签 □符船证明 □预借	
八、签单手续	□保函 □情况说明	
九、公司计汇方式	□订舱口付款买单 □客户付款买单	
十、提单签发时间	月 日	

海关查验操作专单

单位名称		目的港		船期		工作编号	
一、查验前准备工作（得到查验信息后，15分钟内完成）							
1. 海关系统查询情况是否属实					□是 □否		
2. 预计海关查验时间安排（宁波一般是第二天，上海可当天晚上）					月 日 时		
3. 确认手续情况（如下）							
□现场业务海关开出查验通知书并将电子关封发送至现场查资料 □报关行携带查验通知书和三联单至现场查验科登记申报 □海关查验科根据报关行登记申报核查查验电子关封之后打出查验单并发电子指令通知港区移箱 □港区根据海关指令移箱至指定的查验堆场，准备查验（移箱） □海关查验科计划值派海关查验官员 □报关行获取公司专用指定船封，务必查验后移箱							
4. 确认船期计划					□晚开计划 □准点 □无法确定		
5. 落实码头船公司放行时间					月 日 时		
6. 确认客户货物是否有问题： HS 品名， 重量， 件数					□无 □有（具体： ）		
7. 是否已第一时间通知领导与相关人征求处理意见					□已通知		
8. 制定相应查验处理方案					□关系处理 □正常查验		
□关系处理：1. 报关行关系 2. 领导协助处理 3. 通知客户费用情况 □正常查验：货无问题正常查验，考虑查验时间与加载时间的矛盾问题							
9. 第一时间提供正确清洁单证					□提供 □未提供		
二、查验期间的工作（查验当天完成）							
10. 查验过程 □报关行查询移箱到位情况，并预约指派查验的海关官员 □海关、外理、堆场、报关行共同查验；过磅或H986（X光过），开箱查验 □海关行对单证与货物：HS、品名、质量、件数、监管条件等 □向代理人询问相关问题，并要求提供相关数据和资料							
11. 加载冲关，提前办加载手续，如无法办理必须落实方案					□ 提供 □需要，已经办理		

（续表）

<table>
<tr><td colspan="2">12. 每小时追踪查验过程，查验当天改动各方案并调控，查验有问题注意及时沟通</td></tr>
<tr><td colspan="2">三、开箱查验后的工作（查验当天完成）</td></tr>
<tr><td colspan="2">□1. 查验无问题，封箱后，海关通知堆场箱子归位
□2. 查验小问题不需要移交处理。封箱后，海关通知堆场箱子归位，并做好更改数据关封，让报关行带回现场海关重新申报
□3. 查验小问题需要移交处理。封箱后，海关查验科开出关封交报关行移交缉私局现场罚款，罚款后缉私局新关封交查验科，查验科再次做好关封，交现场海关办理删单重新申报，海关查验科通知箱子归位
□4. 查验大问题需要移交。封箱后，海关查验科开出关封交报关行移交缉私局等待处理，处理完毕后缉私局新关封交查验科，查验科再次做好关封交现场海关办理删单重新申报或删单退关
□5. 申请退单的，删单后凭三联单和重箱退关出厂联（现场海关办理）和新箱单办理提箱手续</td></tr>
<tr><td>13. 是否等待处理，转入待处理流程《待续处理单》</td><td>□是 □否</td></tr>
<tr><td>14. 落实加载冲关，确认如已通关是否可以做漏装</td><td>□是 □否</td></tr>
<tr><td>15. 确认落箱需要重新配载，第一时间做好删单重报，并重新订舱，转入落箱重新配载报关程序《重新配载报关专单》</td><td>□ 需要已转入 □不需要</td></tr>
<tr><td>16. 以上各操作项目中产生的额外费用是否提醒过客户</td><td>□是 □否</td></tr>
<tr><td colspan="2">四、查验后费用确认（查验后第二天完成）</td></tr>
<tr><td>17. 与报关行、订舱口、车队等口岸单位是否确认好费用</td><td>□是 □否</td></tr>
<tr><td>18. 协助销售与客户是否确认好这次查验费用</td><td>□是 □否</td></tr>
</table>

附录 C

SOP 子流程

标准作业手册
Standard Operating Manual

流程:拼箱出口操作流程　　　　阶段:接(审)委托

操作步骤	标准作业程序	控制要点	使用单据	联系部门/人员	备注
一、收到客户委托书 二、审委托书	1. 看船期	a) 与客户核实并提醒截单、货时间; b) 与客户确认货物、单据是否可以按时送达; c) 确定我司报关/自报关看此品名目的港是否可以操作		客户、仓库	我司报关,客户提供报关单据;自报关客户提供自报单据通常长 > 5 m、宽 > 2 m 有附加费用(例如,代理卸车费,到货打托、拍照等)
	2. 看起运港 3. 看目的港 4. 看品名				
	5. 看尺寸 6. 看价格	a) 看货物的长、宽、高是否超出集装箱尺寸;(可逐项核对逐项调勾) b) 与客人确认并标注在订舱表上			
	7. 看是否有特殊要求	a) 有特殊要求的要与客户核实; b) 核实 OK 后,将特殊要求录入系统并邮件通知仓库			

制定/日期:　　　审核/日期:　　　批准/日期:　　　核发/日期:

标准作业手册
Standard Operating Manual

流程:拼箱出口操作流程　　阶段:出货通知和提单确认

操作步骤	标准作业程序	控制要点	使用单据	联系部门/人员	备注
一、出送货通知	进入系统,按装箱仓库不同,出不同送货通知	a) 收到委托后 15 分钟内出给客人送货通知; b) 注意送货通知的地址一定要准确(根据港口分); c) 送货通知上必须要有船名、航次、提单号、件重尺、目的港、仓库及其联系人	送货通知	客户	
二、出提单确认	1. SHIPPER、CNEE、唛头内容按委托录入; 2. 出入货通知时,有两种情况(有/无报关单据)	a) 有报关单据:件重尺、品名按照报关单据录入(自报关按客户提供的自报数据录入); b) 无报关单据按委托录入,有准确单据时再更改	提单确认件		

制定/日期:　　审核/日期:　　批准/日期:　　核发/日期:

标准作业手册

Standard Operating Manual

流程:拼箱出口操作流程　　　　阶段:跟踪到货及报关单据

操作步骤	标准作业程序	控制要点	使用单据	联系部门/人员	备注
一、查询到货 二、催货(如货到可省略此步) 三、确定报关方式并整理报关单据	1. 每周一上班时查到货情况;	a) 查货到时间点; b) 注意件数、尺寸,有大件货物需在订舱表上特殊标注,并通知到操作; c) 核对唛头并且件数不符时需与客户确认; d) 尺寸与委托有出入的必须及时同客户确认,并在明细中标注,以免送错货物; e) 如果遇到天气不好的情况,提前与客户确认一下到货时间货未到的,与客户查询到货时间		客户、报关行	到货网站查到货
	2. 周二放调箱单前查一下到货情况; 3. 需我司报关的,客人需提供齐全的报关单据; 4. 凭条或需要其他单据的,需让客人提前提供	a) 提醒客户周三中午前提供给我司,我司转于报关行,并与报关行签无纸协议; b) 一般贸易的报关单据需齐全(箱单、发票、合同、已填好的报关单、申报要素); c) 其他报关方式的,需单独与客人及报关行确认			

制定/日期:　　审核/日期:　　批准/日期:　　核发/日期:

标准作业手册
Standard Operating Manual

流程:拼箱出口操作流程　　阶段:确定箱型、放调箱单

操作步骤	标准作业程序	控制要点	使用单据	联系部门/人员	备注
一、放调箱单给仓库(以周日船为例)	1. 周二早晨先行查询到货情况; 2. 根据涨缩尺情况,确认本周应该开的箱型; 3. 放正确的调箱单给仓库; 4. 仓库去提箱(通常需要一天时间)	有时货物尚未到期按照委托数据,根据经验确定所开的箱型 a) 外勤人员持相关文件,如提箱单、压箱支票等去提箱堆场换单,换出提箱条,拿回交于车队; b) 车队配车去堆场提箱	网上查询	仓库、船公司/订舱代	

制定/日期:　　审核/日期:　　批准/日期:　　核发/日期:

标准作业手册
Standard Operating Manual

流程:拼箱出口操作流程　　阶段:上仓单,报数据

操作步骤	标准作业程序	控制要点	使用单据	联系部门/人员	备注
一、给船公司报数据用以生成主单舱单	将准确箱封号件数、质量及英文品名提供给船公司,用以生成主单舱单	a) 数据必须准确,因为主单仓单作为最后主单放行的主要依据; b) 主单仓单在分票未报关状态下可更改,只要有一票分票已报关,将不可更改(由船代发送给海关);			
二、通知仓库发送分票舱单(给明细)	1. 待船公司上传数据成功后,在海关网可以查到总舱单信息。此时通知仓库发送单票的舱单信息	a) 分仓单由单证人员按照各个仓库的明细要求提前发送给仓库; b) 再由仓库发送给海关			

制定/日期:　　审核/日期:　　批准/日期:　　核发/日期:

标准作业手册

Standard Operating Manual

流程:拼箱出口操作流程　　阶段:报关、查放行

操作步骤	标准作业程序	控制要点	使用单据	联系部门/人员	备注
一、待主、分单信息在海关网都有后 二、通知报关及客人报关 三、及时跟踪放行情况	1. 单票放行后; 2. 需查主单放行情况。主单放行才代表整个柜子放行		网站 有专门查询主单放行的网站 注:QYTG(区域通关)、CKZG(出口转关)、私人物品货物的放行		

制定/日期:　　审核/日期:　　批准/日期:　　核发/日期:

标准作业手册

Standard Operating Manual

流程:拼箱出口操作流程　　阶段:提单确认(主、分单)

操作步骤	标准作业程序	控制要点	使用单据	联系部门/人员	备注
一、分单确认 二、主单确认	每票分单需与客人确认 1. 与船公司确认主单信息; 2. 告知船公司放单形式,通常拼箱会选择电放或SWB	a) 每个港口都有不同要求需特别注意,以免影响收货人目的港清关或产生罚金; b) 船名、航次、提单号、箱封号、件重尺需十分准确; c) 确认好放单形式(正本、电放),如果电放需出电放保函			

制定/日期:　　审核/日期:　　批准/日期:　　核发/日期:

标准作业手册
Standard Operating Manual

流程:拼箱出口操作流程　　　　阶段:盯集港、上船

操作步骤	标准作业程序	控 制 要 点	使 用 单 据	联系部门/人员	备　注
一、跟踪柜子动态	1. 箱子放行后,通知仓库装箱,集港; 2. 待仓库集港后,开船前可在物流信息网上查询柜子是否已到港; 3. 船开后,需上网查询开船日期; 4. 需得到船公司的报号,才能签单				

制定/日期:　　审核/日期:　　批准/日期:　　核发/日期:

标准作业手册
Standard Operating Manual

流程:拼箱出口操作流程　　　　阶段:录费用、出账单

操作步骤	标准作业程序	控 制 要 点	使 用 单 据	联系部门/人员	备　注
一、做账单	1. 货物放行后,根据报价,把费用录入世隆系统; 2. 发送给客户确认	a) 注意币种及单位; b) 通常给客户的账单上不体现退费,只显示所收费用,所退费用由客户在费用确认上标注回传; c) 客户盖章回传,所盖章的公司名称要与委托单位及最终付款单位一致; d) 如果客户在QQ上给予确认,并未明确指出费用金额的,需在QQ上与对方再次确认提单号和金额,并保留QQ记录			

制定/日期:　　审核/日期:　　批准/日期:　　核发/日期:

标准作业手册
Standard Operating Manual

流程：拼箱出口操作流程 阶段：开票结算

操作步骤	标准作业程序	控制要点	使用单据	联系部门/人员	备注
一、得到客户的费用确认后，先查是否为月结		a）开票币种是美元还是人民币，还是折币开，注意汇率； b）月结客户必须在收到费用确认回传后放单； c）个别情况需与操作确认			
二、月结可直接放单，如果是票结，需给客户开票	1. 如果是个人付费，则无法开票，需收6.83%的税； 2. 单票结算的，需钱到账单后再放单				

制定/日期： 审核/日期： 批准/日期： 核发/日期：

标准作业手册
Standard Operating Manual

流程：拼箱出口操作流程 阶段：签放提单

操作步骤	标准作业程序	控制要点	使用单据	联系部门/人员	备注
一、船开后根据在提单确认步骤中的指示，按照客人要求签发提单	1. 正本需三正三副、目的港放单需出目的港放单保函，如果电放需出电放保函； 2. 有L/C要求需要倒签的，需出倒签保函并提供L/C的正本COPY给我司； 3. 如果有预借提单情况，需与操作或主管确认	提单是物权凭证，签单内容需十分注意 根据航程、时间确认最多倒签提单。注意跨年不可倒签 a）巴西正本提单需有MONICA手签； b）预借提单通常是在主单放行后； c）在未报关情况下，不能确认可预借	倒签保函、电放保函、预借保函（需细化）、异地放单保函	客户	

制定/日期： 审核/日期： 批准/日期： 核发/日期：

标准作业手册

Standard Operating Manual

流程:拼箱出口操作流程　　　　阶段:给代理过预报文件

操作步骤	标准作业程序	控制要点	使用单据	联系部门/人员	备注
一、船开后,根据航线的航程情况,发送全套预报文件给代理(邮件形式)	1. 哪些货物可以放单要明确给代理指示; 2. 不能放单的一定要及时通知代理	a) 远洋一般是开船后10天内发送; b) 预报内容包括船及箱子的信息、预付货物目的港收费标准及一些特殊注意事项(如拆托等); c) 文件包括主单、分单、账单、舱单及相关的箱单发票			

制定/日期:　　　审核/日期:　　　批准/日期:　　　核发/日期:

标准作业手册

Standard Operating Manual

流程:拼箱出口操作流程　　　　阶段:船开后跟踪货物动态

操作步骤	标准作业程序	控制要点	使用单据	联系部门/人员	备注
一、转点货或转船的货物,需跟踪二程船的信息 二、待货物顺利到达后,需要代理确认收货人换单时间 三、更新系统					

制定/日期:　　　审核/日期:　　　批准/日期:　　　核发/日期:

附录 D

行业常用英语单词与词组

一、所有航线共有的运输费用英语

OCB——OCean Frt. BOX:海运费
CYC——CY handling charge:日本港口操作附加费
IAC——Intermodel Administrative Charge:多式联运附加费
SPS——Shanghai Port Surcharge:上海港附加费
YAS——Yen Applica Surcharge:日元货币附加费
ACC——Alameda Corridor:绿色通道费
CAF——Currency Adjustment Factor or Devaluation surcharge:币值调整费
CUC——Chassis Usage:托盘使用费
EBS——Emergent Bunker Surcharge:紧急燃油附加费
EMS——Emergency Surcharge(near the war field):紧急战争附加费
ERS——Equip Rest Surch:空箱调运费
FSC——Fuel Sur Charge:燃油附加费
GRI——Gen Rate Increase:运费普遍增长
LLO——Lift on / Lift Off:上下车费
ORC——Original Receiving Charge:启运港接货费
OWS——Over Weight Surchaarge:超重附加费
PCF——Panama Canal Fee:巴拿马运河费
PCS——Port Congestion Surcharge:港口拥挤费
PSC——Port Service Charge:港口服务费
PSS——Peak Season Surcharge:旺季附加费
SCF——Suez Canal Fee:苏伊士运河费
SPS——Shanghai Port Surcharge:上海港附加费
BAF——Bunkering Adjustment Fee:燃油附加费
COD——Charge Of Diversion:转港费
DHC——Dest. terminal Handling Charge:目的港港口附加费
DIB——Destination Inland(Box):目的港内陆附加费
EFS——Emergency Fuel Surcharge:紧急燃油附加费
IMO——IMCO additional:危险品附加费
LHC——Loading port terminal Handling Charge:装港港口附加费
OIB——Original Inland(Box):启运港内陆附加费
WRS——War Risk Surcharge:战争风险附加费
ISPS——International Ship and Port Facility Security charge:国际船舶和港口安全费用

suez canal surcharge:苏伊士运河附加费
transhipment surcharge:转船附加费
direct additional:直航附加费
port surcharge:港口附加费
port congestion surcharge:港口拥挤附加费
heavy - lift additional:超重附加费
long length additional:超长附加费
cleaning charge:洗舱费
fumigation charge:熏蒸费
ice surcharge:冰冻附加费
optional fees or optional additional:选择卸货港附加费
alteration charge:变更卸货港附加费
deviation surcharge:绕航附加费
ICD——Inland Container Depot:内陆集装箱装卸站

二、常用海运术语

ANERA——Asia North America Eastbund Rate Agreement:远东—北美越太平洋航线东向运费协定
A/W——All Water:全水陆
apply to customs:报关
antidated B/L:倒签提单
AMS——Automated Manifest System:美国24小时前提交载货清单规定
TWRA——Trans Pacific Westbound Rate Agreement:泛太平洋西向运费同盟
BAF——Bunker Adjustment Factor:燃油附加费
B/L——Bill of Lading:提单
bay plan:配载图
CAF——Currency Adjustment Factor:货币贬值附加费
CY——Container Yard:集装箱堆场
CFS——Container Freight Station:拼货拆装箱场所
collect:到付
cargo receipt:货物签收单
customs broker:报关行
COC——Carrier's Owned Container:船东箱
CNTR NO. ——Container NO. :柜号
CBM——CuBe Meter:立方米
CUFT——CUbe FeeT:立方材(乘以35.315 = CBM)
CLP——Container Loading Plan:集装箱装载图
DDC——Destination Delivery Charge:目的港收货费用

DST——Double Stack Train:双层火车运送

DOC——DOCument fee:文件费

demurrage chage:超期堆存费

detention:滞箱费

D/O——Deluvery Order:提货单

devanning:拆柜(=UNSTUFFING)

dock receipt:场站货物收据

ETA——Estimated Time of Arrival:预计到达日

ETD——Estimated Time of Departure:预计开航日

EBS——Emergency Bunker Surcharge:燃油附加费

ETC——Estimated Time of Closing:结关日

EDI——Electronic Data Interchange:电子数据转换

FEU——Forty foot Equivalent Units :40 ft 尺柜简称

FAF——Fuel Adjustment Factor:燃油附加费

flat rack:平板货柜

FO——Free Out 船边交货

FIO——Free In & Out:承运方式的一种,表示船公司不负责两边的装卸费

FCL——Full Container Cargo Load:整柜

FAK——Freight All Kinds:不分节点计价

FMC——Federal Maritime Commission:美国联邦海事委员会

FIATA——Int'l Federation of Forwarding Agents Association:国际货运承揽联盟

GOH——Garment On Hanger:吊衣柜

GRI——General Rate Increase:一般运费调高

gulf port:指美国靠墨西哥湾之港口

HAFFA——Hongkong Association Freight Forwarding And Logistics Ltd:香港货运物流业协会

H/C——Handling Charge:手续费

HC——High Cube:高柜

IPI——Interior Point Intermodal:美国内陆公共运输点

IA——Independent Action:运费同盟会员采取的一致措施

IATA——Int'l Air Transport Association:国际航空运输协会

LCL——Less than Container cargo Load:拼箱货

L/L——Loading List:装船清单

L/C——Letter of Credit:信用证

NVOCC——Non Vessel Operating Common Carrier:无船承运人

MLB——Mini Land Bridge:美国大陆桥

manifest:舱单

mate's receipt:大副签收单

O/F——Ocean Freight:海运费
ORC——Original Receiving Charge:原产地收货费
Ocean B/L:海运提单
out port charge:非基本港附加费
on board date:装船日
CLD——CLosing Date:结关日
ETD——Estimated Time of Departure:预计离港日
ETA——Estimated Time of Arrival:预计到港日
partial shipment:分批装运
PSS——Peak Season Surcharge:旺季附加费
PCC/PCS——Panama Canel Charge/Surcharge:巴拿马运河费
PCF——Port Construction Fee:港口建设费
P/P——Freight Prepaid:运费预付
PNW——Pacific Northwest:远东至北美太平洋北部地区的航线简称
PSW——Pacific Southwest:远东至北美太平洋南部地区的航线简称
port surcharge:港口附加费
POA——Place Of Acceptance:收货地
POL——Place Of Loading:装货地、起运港
POD——Place Of Discharge:卸货地
PTI——Pre-Trip Inspection:冻柜检测参数
RIPI——Reverse IPI:由大西洋港口进入内陆
R/T——Revenue Ton:计费单位
RRS——Rate Restoration Surcharge:运价调整
SOC——Shipper's Owned Container:自备箱
S/O——Shipping Order:订舱单
seal NO. :铅封号
seaway bill:随船提单
storage:仓储费
stuffing:装柜
shipping advice:装船通知书
S/C——Service Contract:运送契约
TEU——Twenty foot Equivalent Units:20 ft 柜简称
THC——Terminal Handling Charge:码头费
USWC——United State West Coast:美国太平洋西岸的港口
USEC——United State East Coast:美国太平洋东岸的港口
VSL/VOY——VeSsel/VOYage:船名航次
YAS——Yen Adjustment Surcharge:日元贬值附加费
demurrange/storage:仓租

detention：柜租

D/O——Delivery Order：到货通知

L/C——Letter of Credit：信用证

C/O——Certificate of Origin：原产地证明书，证明货物产地或制造地的证件

Form A：普惠制产地证。某些国家给予我国一些优惠政策作为进口海关减免关税的依据，如英国、美国、德国、瑞士、瑞典、芬兰等。

三、集装箱的分类

（一）按尺寸分类

1. 常用标准集装箱的外部尺寸

长度：20 ft、40 ft、45 ft、48 ft

高度：8 ft 6 in、9 ft 6 in

宽度：8 ft

（注：1 ft = 12 in = 30.48 cm）

2. 集装箱根据尺寸的通俗叫法

长 20 ft 的柜俗称小柜；高 8 ft 6 in 的柜俗称平柜；高 9 ft 6 in 的柜俗称高柜。

3. 船公司单证上可能出现的箱型

平柜 20(40)GP = 20(40)DV = 20(40)DC = 20(40)/SD/86 = 20(40)/GP/86；高柜 40HC = 40HQ = 40/SD/96 = 40/GP/96；YML（船公司）单上的柜型 FO = OT 柜。

（二）按用途分类

1. 常用类型

① 通用干货集装箱（dry cargo container）

② 平板集装箱（platform container）

③ 冷藏集装箱（RF，Reefer container）

④ 罐式集装箱（TK，Tank container）

⑤ 框架集装箱（plat form based container）

2. 非常用类型

① 牲畜集装箱（pen container）

② 敞顶集装箱（OT，Open - Top containge），即开顶柜

③ 汽车集装箱（car container）

④ 干散货集装箱（bulk container），如装谷物、树脂等

⑤ 生皮集装箱（hide container）

3. 常见箱种缩写及含义

GP——General Purpose：普通箱

HC——High Cubic：高箱

OT——Open Top：开顶箱

PL——PLatform：平板箱

FR——Flat Rack:框架箱

RF——REefer:冷藏箱

SOC——Shipper Own Container:自有箱

四、包装类型分类

BAG——BAG:袋

BAL——BALe:大捆、大包

BAR——BARrel:桶(木桶)

BDL——BunDLe:小捆

BOX——BOX:盒、箱

CAR——CARboard:纸板箱

CAS——CASe:箱(木箱)

W/C——Wooden Case:(常用)木箱

COL——COiL:盘卷

CRA——CRAte:板条箱筐

CTN——CarToN:纸箱

DRU——DRUm:桶(如鼓状)

D/S——DrumS:(复数)

PAL 或 PLT——PALlet:货盘、托盘

SAC——SACk:布袋

SET——SET:组、台

TRA——TRAy:货盘(浅的,如茶盘、菜碟)

UNT——UNiT:组、套

PIE——PIEce:件(单数)

PCS——PieCeS:件(复数)

五、航运术语费率等缩写及含义

(一)船公司英文简称

APL:美国总统轮船;MOL:商船三井;ZIM:以星;EMC:长荣;COSCO:中远;CSCL:中海;SINOTRANS:中外运;CMA:达飞;MSK:马士基;K-LINE:川崎汽船;NYK:日本邮船;WAN-HAI:万海航运;HPL:赫伯罗特;MSC:地中海航运;CCNI:智利航运;HMM:现代商船;YML:阳明海运;OOCL:东方海外;PIL:太平船务;HAMBURG SUM:汉堡南美;CKL:天敬海运;NS-SL:南星海运;KMTC:高丽海运;CSAV:北欧亚/南美邮船;SAF:萨夫;DEMALS:达茂;MCC:穆勒航运东南亚

(二)常见船运费率缩写及含义

BAF——Bunker Adjustment Factor:燃油附加费

CAF——Currency Adjustment Factor:币值附加费

GRI——General Rate Increace:全面涨价费

PCS——Port Congestion Surcharge:港口拥挤费

PSS——Peak Season Surchaige:旺季附加费

EBS——Emergency Bunker Surcharge:紧急燃油附加费

CIC——Container Inbalance Charge:集装箱不平衡

THC——Terminal Handling Charge:码头操作费

O/F——Ocean Freight:海运费

DOC——DOCument Charge:文件费

AMS:美线舱单传输费

ENS:欧盟传输费

CHC:集装箱操作费

(三)常见船运术语缩写及含义

B/L——Bill of Lading:提单

MB/L——Master Bill of Lading:船东主单

HB/L——House Bill of Lading:代理小单

S/O——Shipping Order:调箱单

ETD——Estimate Time of Departure:预计开船日

ETA——Estimate Time of Arrival:预计到港日

D/O——Delivery Order:提货单

POL——Port Of Loading:起运港

POD——Port Of Delivery:目的港

CY——Container Yard:堆场

FCL——Full Container Load:整箱货

LCL——Less than Container Load:拼箱货

CFS——Container Freight Station:集装箱货运站

NVOCC——Non-Vessel Operating Common Carrier:无船承运人

(四)常见贸易术语缩写及含义

EXW——EX Work:工厂交货

FOB——Free On Board:装运港船上交货,又称离岸价(到付)

CIF——Cost Insurance and Freight:成本保险费加运费,又称到岸价(预付)

CFR——Cost and Freight:成本加运费(预付)

DDU——Delivery Duty Unpaid:未完税交货

DDP——Delivery Duty Paid:完税交货

参考文献

[1] 李缇缇. 国际货运代理若干法律问题研究[D]. 上海:华东政法大学,2012.

[2] 刘德龙. 国际货运代理与海外代理跨国合作的法律风险及防范研究[D]. 上海:华东政法大学,2012.

[3] 严勤爱. GRL 国际货运海外营销策略研究[D]. 西安:西北大学,2012.

[4] 刘小卉. 国际货运代理[M]. 上海:上海财经大学出版社,2011.

[5] 邵阳. 国际货运代理企业的内部控制研究[D]. 青岛:中国海洋大学,2012.

[6] 曲淑霞. 中小型国际货运代理企业业务流程优化研究[D]. 济南:山东大学,2012.

[7] 陈彩凤. 国际货运代理[M]. 北京:北京交通大学出版社,2012.

[8] 鲁广斌. 国际货运代理实务与集装箱运输业务[M]. 北京:清华大学出版社,2015.

[9] 朱岩,王贵斌. 国际货运代理理论与实务操作[M]. 杭州:浙江工商大学出版社,2012.

[10] 杨占林. 国际货运代理实务精讲[M]. 北京:中国海关出版社,2016.

[11] 张嫒卿. 高职报关与国际货运专业人才需求调研与专业设置[J]. 科技信息,2009(35):633—550.

[12] 高淑娟. 黑龙江省高职院校报关与国际货运专业改革的思考[J]. 黑龙江对外经贸,2010(09):47—129.

[13] 徐建群. 关于金融危机背景下高职报关与国际货运专业毕业生的就业问题思考[J]. 改革与开放,2010(24):164—166.

[14] 杨素琳. 高职报关与国际货运专业人才培养模式改革探讨[J]. 广西教育,2012(31):80—81.

[15] 谢荣军. 基于核心竞争力培养的报关与国际货运专业的实训体系重构探讨[J]. 现代企业教育,2012(22):50—51.

[16] 钟祥荣,钟飞燕,兰松生. 基于职业能力的高职院校报关与国际货运专业课程体系建设[J]. 现代企业教育,2012(22):39.

[17] 韦大宇. 高职报关与国际货运专业“课证融通”课程体系的构建[J]. 广西教育,2012(39):66—67.

[18] 霍英华. 国际货运代理企业营业税改增值税过程中的相应变化[J]. 华章,2013(02):67.

[19] 张艳. 甘肃国际货运代理业的现状及对策[J]. 林区教学,2013(01):122—123.

[20] 侯慧敏. 天津滨海新区国际货运代理企业市场发展战略研究[D]. 天津:天津大学,2012.

[21] 瞿黎. 国际货运代理公司隐名股东法律地位及其保护[D]. 上海:华东政法大学,2012.

[22] 阳群. 高职院校报关与国际货运专业实训室建设探讨[J]. 合作经济与科技,2013(06):114—115.

[23] 田玉丽,朱红祥. 报关与国际货运专业任务引领型人才培养模式的构建[J]. 教育与职业,2013(09):106—107.

[24] 杨明,高强,韩志华. 高职院校专业基础课与职业技能课有效衔接的研究与实践——以报关与国际货运专业为例[J]. 办公室业务,2013(07):198—200.

[25] 贾利军. 我国国际货运代理业发展中面临五大问题[J]. 经济论坛,2006(01):56—57.

[26] 叶敬彪. 中国国际货运代理企业发展环境及战略选择[J]. 水运管理,2006(01):1—5.

[27] 桑茹. 物流快递行业运作及发展要素探析[J]. 山西青年管理干部学院学报,2006(03):57—59.

[28] 刘海,韦颖. 浅谈无船承运人与国际货运代理人的区别[J]. 珠江水运,2006(11):33—35.

[29] 张菁,张娟. 抓住国际货运代理的全球化契机——中国国际货运代理协会会长罗开富先生访谈录[J]. 综合运输,2006(12):68—72.

[30] 郭萍. 谈国际货运代理与国内货运代理的关系[J]. 大连海事大学学报(社会科学版),2007(01):1—5.

[31] 周任重,潘国惠. 完全开放外商独资新环境下我国货代行业的发展问题与对策分析[J]. 科技情报开发与经济,2007(12):164—166.

[32] 陈萍. 浅析我国国际航运人才的需求现状和趋势[J]. 青岛远洋船员学院学报,2008(04):67—71.

[33] 张淑欣,马玲,刘一平. 报关与国际货运专业技能模块课程体系的构建[J]. 商场现代化,2008(26):399.

[34] 张淑欣,张玲玲. 高职院校专业基础课与职业专项技能课的衔接研究——以报关与国际货运专业为例[J]. 中国成人教育,2008(15):146—147.

[35] 肖晗. 空中巨无霸撬动深圳货运市场[N]. 深圳商报,2006-08-17.

[36] 李富春,沈时仁. 国际货运代理操作实务[M]. 北京:中国人民大学出版社,2011.

[37] 王洪海. 报关与国际货运专业实训课程改革探究[J]. 现代交际,2012(08):185.

[38] 颜文杰. 报关与国际货运专业外贸单证实训课程改革实验研究[J]. 才智,2012(28):318.

[39] 孙鑫,李玉娟. 报关与国际货运专业校企合作深度化发展路径构建[J]. 企业家天地,2012(10):17.

[40] 滕颖. 报关与国际货运专业“校企合作工学结合”实践与探索[J]. 现代商贸工业,2011(02):195—196.

[41] 李玉娟,孙鑫. 浅谈报关与国际货运专业的培养方向[J]. 现代经济信息,2011(07):78.

[42] 祖天明,曲学军. 高职报关与国际货运专业人才培养模式的探讨[J]. 中国市场,2011(49):207—208,212.

[43] 肖旭. 国际货运代理[M]. 北京:高等教育出版社,2011.

[44] 皇甫艳东. 报关与国际货运专业学生英语能力培养探析[J]. 现代企业教育,2012(12):77.

[45] 张敏. 我国物流法律私法体系之建构[D]. 大连:大连海事大学,2012.

[46] 吴宗祥. “货主代理”抑或“承运人”[N]. 国际商报,2003-02-01.

[47] 张晨. 对出口贸易中国际货运代理操作服务存在问题的思考[J]. 科技致富向导,2010(35):90—99.

[48] 杨明. 黑龙江省高职院校开设报关与国际货运专业分析[J]. 华章,2011(23):163—177.

[49] 李勇. 中职《国际货运代理》课程实训教学改革的思考[J]. 现代企业教育,2011(14):50—51.